天下‧文化
BELIEVE IN READING

卡住你的
不是人生，
是選擇

跳出 **5** 種心理困境，
活出自在人生

DR. SOPHIE MORT

蘇菲·莫特————著　卓妙容————譯

(UN)STUCK

FIVE STEPS TO
BREAK BAD HABITS
AND
GET OUT OF YOUR OWN WAY

獻給所有不想再因循守舊的活著，
並準備好為自己幸福負責的人們。

你們是勇敢的。

如果年輕人明白

淪為習慣的奴隸不過在轉瞬之間，

一定會在習慣尚未成型時，更加注意自己的行為。

命運的巨輪快速前行，

無論善惡，永遠無法回頭。

每一個美德或惡習，即使再微小，

都會在生命中留下不可忽視的痕跡。

──**威廉·詹姆斯**（William James）

前 言

全天下最愚蠢的事就是，
每天重複做著相同的事，
卻期待有一天會出現不同的結果。

——**阿爾伯特・愛因斯坦**（Albert Einstein）

如果愛因斯坦是對的，我們全都蠢得不得了。

人們日復一日，不知不覺重複著相同的模式。我們總是一再重返原本拚命想改掉的習慣；我們總是去做一些會阻礙自己邁向人生目標的事情。我們卡住了，就像電影《今天暫時停止》（*Groundhog Day*）的主角一樣，被困在不斷重複的日子裡。

會變成這樣，是有原因的。

有時我們很難改變自己的行為，因為改變確實不容易，加上人們普遍缺乏有關「改變」的心理學和神經科學知識，誤以為改變是由意志力所驅動，單靠意志力就能夠促成改變。

有時我們會選擇重複相同的模式，期待好結果自然降臨。你可能已經意識到目前的情況需要改變（例如一段不快樂的感情，或者一份耗盡所有精力的工作），但並未採取任何行動，而是告訴自己：「唉，我都已經投入這麼多，現在考慮放棄已經太遲了。誰知道呢？說不定有一天，情況會突然好轉。」

有時我們不相信改變是可能的，甚至連試都不願意去試。我認識許多人即使清楚自己確實需要改變（例如不該在朋友需要幫助時，一把將他推開），但依舊堅持「我就是這樣，而且我永遠都會是這樣」。

請容我插播一則新聞快報：**沒有人是永遠不變的**。終其一生，我們的大腦會不斷適應和重塑。雖然適應速度確實會隨年齡增加而逐漸減慢（你我都無法像小時候那樣快速學會新事物，這很正常），但最新科學研究顯示：即使大腦逐漸失去年輕時的活力，依舊能夠透過重塑來充分運用其資源。飲食、運

動、健康的生活方式等外部因素，都可以讓我們的大腦變得更年輕、更健康、更靈活。[1] 老狗確實能夠學會新把戲。無論你是誰，都具備改變自我的能力……只要你願意。

人類超過四成的行為都發生在無意識的情況下。[2] 這意味著我們經常處於「自動駕駛」狀態，時常在生活中面臨夢遊般的風險。往往要等到好朋友、前輩或心理醫師問你：「嗯，之前也發生過這種情況嗎？」才突然驚覺：「對！這已經變成我的固定行為模式了。」你有過這樣的經驗嗎？如果沒有，我現在就要成為對你提問的那個人，讓我們從下列問題開始吧！

✓ 你每年都會設定新年計畫，一開始充滿熱情，過了幾週後卻發現，自己又重回原有的習慣？

✓ 你想去健身房（而且確實有足夠時間去），但癱在沙發上的感覺實在太棒了！大腦中有個聲音告訴你：「我才不想去。」但又冒出另一個聲音指責你：「你到底有什麼問題？你根本就是個懶惰的失敗者！」就這樣幾天過去，你開始懷疑自己可能永遠無法改變？

✓ 你是否曾注意到，即使重要任務的截止日期已經迫在眉睫，自己卻依舊不斷拖延？即使你真心想做好，而且非常在乎這份工作，但就是遲遲無法開始行動？

✓ 你是否總和那些不想定下來的人交往，即使他們一開始就

告訴你，他們現在不想要發展長期關係，你卻還是渴望獲取他們的注意力？

✓ 好不容易，你終於迎來一次生命中的重大突破（例如獲得加薪或升職），可是你卻無法享受它帶來的歡愉，反而開始做一些注定會出錯的事，破壞你現有的成功，給將來的自己找麻煩。

✓ 你是否覺得這種「人生卡住了」的感覺，已經成為生活中難以擺脫的一部分？覺得自己這輩子就是缺乏動力與精力去運動，註定會一再做錯決定或與伴侶爭吵不休？

✓ 你是否曾暗暗自責，看著別人做出決定後都能像箭矢般毫不遲疑衝向目標，自己卻像小河流般慢慢蜿蜒流淌，甚至像漩渦般不停兜著圈子，隨時可能被捲入萬丈深淵？

　　如果你對以上任何一個問題的答案是肯定的，請別擔心，你完全正常。人們本來就經常在兜圈子，即使當我們渴望改變時依舊如此。但這並不意味著你就可以說：「不用管它，既然有很多理由可以解釋人為什麼會卡住，所以用不著特地花力氣去加以改變。」

　　不！絕對不行！知識就是力量，但唯有行動才能使你強大。本書不只要告訴你「陷入困境的原因」，還要告訴你「擺脫困境的方法」。這是一本關於改變的書，幫助你改變自己的

生活、人際關係，甚至也可以用來改變這個世界。

和所有與心理學相關的議題一樣，這本書並非速成指南。想要在生命中做出有意義的改變，向來是一段極為漫長的過程。我將為你提供一份掌控人生方向的路線圖，至於將這些概念在每日生活中付諸實踐，就是你的責任了。

在這本書的各個章節中，將介紹多數人在生活中常會重複卡住的領域，告訴你這樣的情況為何會一再發生，然後幫助你採取行動來遏止這些壞習慣。

所以，向不斷重複的日子道別吧！然後毅然轉身，全力擁抱你所選擇的新生活。

關於我

在我們正式開始遠離卡住的人生前，我應該先簡要介紹一下自己。

我是臨床心理師蘇菲・莫特博士。我長期和想要了解並管理心理健康的人合作，熱中於引導心理學走出診療室，以對人們有意義的方式，將心理學融入他們的生活。二〇一八年，我在診療完個案並駕車離去時，突然靈光一閃的想到，在我們成長的過程中，其實很少人被教導該怎麼去了解自己。於是，我提筆寫下我的第一本書《心靈自救手冊》（*A Manual for Being Human*）。事實上，大多數人受到的教導，反而會讓他們對人之所以為人的許多正常經歷產生誤解，進而對他們的心理健康

造成嚴重傷害。那一刻的頓悟，促使我的第一本書問世，為面對壓力的人們提供理解和管理的工具，使他們在陷入危機或請專業人士介入之前，就能得到這些心理自助資訊。

我的第二本書誕生契機同樣出自靈光一閃的瞬間，那是在新冠肺炎封鎖時期，我第一次驚呼：「喔！天哪！」的那一刻。在度過感覺像是第一千九百天，其實大概只是第二十一天時，我拜讀布朗妮·維爾（Bronnie Ware）的《和自己說好，生命裡只留下不後悔的選擇：一位安寧看護與臨終者的遺憾清單》（*The Top Five Regrets of the Dying*），畢竟沒有什麼比全球大流行病更能讓人開始思考生命存在的意義，以及推想面對生命結束時的可能結局。書中最多人的遺憾是：「我希望我曾有勇氣活出我想要的人生，而非其他人期望我所擁有的人生。」這樣的遺憾，讓我感覺內心彷彿遭到一記重擊。有些人在臨終遺言裡表明，覺得自己從未真正活過，或者至少沒有以他們希望的方式活過，這樣的遺言想來真令人糾心，不是嗎？然後，下一秒，我想到的是……我要如何確保我從這件事中汲取教訓？

當我與個案、朋友和家人聊天時，我發現並非只有我對該怎麼生活有所疑慮。每個人都和我一樣，當生存面臨威脅使人警醒，迫使人們從日常生活的激烈競爭中抬起頭來，這時才捫心自問：世界上最重要的東西到底是什麼？我這大半輩子努力的方向真的正確嗎？當世界恢復平靜，大家終於被允許重返往日生活時，我又該如何選擇？

知道自己渴望活出想要的人生是一回事，要怎麼做才能實現這一點卻完全是另一回事。對大多數人來說，這並不是簡單的說一句：「我就是要做自己，我想要開心過日子」就行。汽車保險桿上的那些勵志名言貼紙無論印刷多麼精美、配色多麼時髦，在現實情況變得艱難之際，根本起不了任何作用。

　　我每天都和充滿勇氣的鬥士一起工作，那些鬥士就是我的個案，這就是為什麼我很清楚，要做出有意義的改變，需要的並不只是勇氣。人們通常都是在陷入巨大危機時，才會尋求心理治療的協助，但在獲得專業支持一段時間後，大多數人會學到如何面對正在經歷的難題，並很快重獲新生，然後便會產生一種「我現在感覺好多了！我不想再浪費時間，希望趕快擁有我想要的理想人生」的緊迫感。

　　當我剛成為臨床心理師並開始執業時，我以為我的任務很簡單，不過是引導人們看清楚他們重視的是什麼，並幫助他們每天騰出足夠的時間，去實踐他們所看重的事。但是，正如本書中處處可見的例子，以及你可能從自己過去的經驗中發現，事情往往沒有想得那麼簡單。過程中，你可能會遇上非常多阻礙，它們死命的拉住你，不讓你走到嘗試新事物的起跑線，以及在過程中試圖絆倒你、讓你跌倒，使你無法抵達終點線。

　　我不禁回想起在診療室中見到的案例，意識到這其實沒什麼好驚訝的，因為這些看似迴圈的路徑，我自己也曾經走過。這樣的親身經驗，讓我對於生命中遭遇的各種困境以及如何克服這些困境，產生出濃厚的研究興趣。我也因此發現，阻礙我

們掌控自己的生活、讓我們無法突破困境的五個鮮為人知的因素。而拜疫情封鎖時期所賜，我才下定決心將我蒐集到的所有資訊整理出來，好好的將其寫成一本書。

大多數人都認為，只需要改變自己的習慣，就能過上符合自己價值觀的生活，所以，我打算從這個角度揭開本書序幕。但是，我想要討論的當然不止於此。

我確信你擁有做出改變的勇氣，因為，如果不願相信自己的人生可以有所不同、可以變得更好，你就不會拿起這本書。接下來的步驟，這本書都將陪著你一起完成。它將給你從前人的遺憾中記取教訓的機會，幫助你走出屬於自己的人生，不再被每日繁瑣的生活推著前進。

我不會說這本書能幫助你在生命的最後一刻毫無遺憾。畢竟，即使我將本書中所有內容付諸實踐，成功過上我所選擇的人生，如果我在臨終前真有餘裕回顧過去，我可能還是會對某個喝得爛醉的夜晚做出的尷尬行為感到後悔。不過，我可以向你保證：這本書能幫助你釐清自己想要什麼，以及判斷目前哪些行為是你達成目標的絆腳石。然後，你就可以下定決心掃蕩阻礙，實現夢想。

準備好了嗎？那麼，我們開始吧！

第一章
慣性行為

Habits

積極為民權運動奔走的多產作家瑪雅‧安吉羅（Maya Angelou）在寫作期間，會在清晨六點起床，然後直奔在自家附近租下、「又小又破」的旅館房間。她隨身還帶著一本聖經、一副撲克牌、一瓶雪莉酒，當然還有不可或缺的寫作材料。她大約在早晨六點半時抵達旅館，然後會爬上床，用床單裹住身體，一直寫到上午十一點才停下來，喝杯雪利酒放鬆一下，繼續寫到午餐時間，接著停筆回家休息，等到下午五點再拿起稿子檢視。隔天清晨，同樣的循環再度啟動。按照她的要求，旅館房間裡的所有裝飾品都要在她到達之前拆除乾淨；在她入住期間，床單從未更換過，酒店工作人員只負責每天進去清空垃圾桶。換句話說，她在一個特意營造、維持穩定不變的環境中寫作，日復一日。

當代幾位重量級文學家在寫作期間，似乎都有一些看起來有點奇怪的習慣。《悲慘世界》（Les Misérables）作者維克多‧雨果（Victor Hugo）會叫貼身男僕拿走他所有的衣服，直到手稿完成後再還給他，以確保他在作品完成前都不能做其他事情。據說《白鯨記》（Moby Dick）作者赫曼‧梅爾維爾（Herman Melville）在動筆寫作時，則是會請妻子用鏈子將他和書桌鎖在一起。我之所以告訴你這些故事，是因為這和「一個人為何會卡住」及「如何擺脫卡住狀態」息息相關。

你是否曾經想過，為什麼有些人擁有很高的自我控制能力？為什麼有些人一旦決定要做某件事情（不論是一項重要的商業行動，或者只是一個消磨時間的新嗜好），總能立即開始

行動並一直堅持下去？不用懷疑，他們並非天賦異稟，也不是因為具備你所沒有的特殊遺傳條件。[*]研究人員發現，他們只是懂得如何安排環境來避免誘惑，選擇在安靜、單調、乏味的房間中工作，不必和那些引人分神的事物苦苦糾纏，因此能夠一直維持專注。

安吉羅為自己創造的寫作空間，不只是一個消除任何會分散注意力事物的環境，更重要的是，她讓工作目標（寫作）與特定環境緊密連結，所以每當她進入這個特定環境，大腦便會自動喚起寫作的提示。相較之下，雨果和梅爾維爾雖然也有類似安排，但沒能完全掌握創造專注寫作環境的祕訣，所以偶爾還是得在截稿前最後幾週，採取極端措施來逼自己完成工作。

即使我們並不想成為作家，或甚至連租用廉價旅館小房間的額外費用都拿不出來，依舊可以從安吉羅（甚至是雨果和梅爾維爾）身上學到很多。為什麼？因為人們之所以陷入或脫離卡住狀態，全都取決於我們的習慣。

何謂習慣？

人類是習慣的生物。我們過著重播般的生活，從早上起床刷牙、煮咖啡、換衣服開啟每一天。我們做這些相同的事情是

---

[*] 除非你患有注意力不足過動症（ADHD）或其他神經發育障礙，導致在缺乏適當支持的情況下無法集中注意力。

如此頻繁，以至於以為自己是在依個人意願行動，但實際上，不過是受內在渴望或外在事物引發的慣性行為模式所驅使。如果你每天清醒十六個小時，平均只有不到八小時的行為是基於有意識的選擇；這意味著，如果你一不小心活到八、九十歲，一生可能有將近三十年都在夢遊。

當然，我們的習慣並非與生俱來。若沒人叮嚀孩童時期的我們在睡前刷牙，我們一定寧可和玩具或兄弟姐妹再玩十分鐘。而在一次次強制的重複中，刷牙行為成為我們無須思考就會去做的日常例行公事，省下每天必須提醒自己刷兩次牙的精神能量（同時還能減少突發牙痛而到處找牙醫的機會）。

習慣是件好事。心理學家威廉・詹姆斯相信，如果沒有習慣，我們每天只能完成一兩件事。如果習慣不存在，我們清醒時的分分秒秒，都必須拿來思考要做的每一件事，如此一來，一切將會變得耗時且令人筋疲力竭。你多半也有過類似的經驗，像是剛開始學開車時，必須一直維持高度專注，或是連續準備考試一段時間而感覺到身心疲憊。學習是一趟必須不斷嘗試錯誤的過程，其中所耗費的時間和精力，遠遠超過大腦所願意投入的程度，就像我剛才提到的，這確實會令人筋疲力竭。

人們常說：型塑我們的不是我們怎麼思考，而是怎麼行動。若真如此，習慣則會決定我們成為什麼樣的人，無論是好習慣或壞習慣。值得慶幸的是，大多數習慣不只能幫助我們節省能量，還能帶來實質性的幫助，成為我們面對日常生活問題的解決方案。舉例來說，如何在一大早喚醒自己？來杯咖啡；

如何對抗細菌？勤洗手；如何對別人表達我的關心？微笑。

除此之外，習慣還可以幫助我們同時完成多項任務，例如一邊開車，一邊交談。想像一下，如果我們無法整合駕駛所需的所有必要資訊（包括道路規則、如何操控車輛、如何預測道路上其他駕駛的行為和速度等），讓我們不用有意識的思考就能順暢駕駛，馬路上會是什麼樣子？應該早就亂成一片了。

然而，習慣也會導致我們做出危險行為。你是否也曾在開車時伸手拿手機，快速查看朋友傳來的訊息或低頭盯著螢幕上的文字，而沒將全部的注意力專注在開車上？乍看之下，開車時查看手機的習慣似乎沒什麼大不了……直到某天發生意外，最糟糕的情況就這麼發生了。

有些習慣有可能嚴重到攸關生死，但許多習慣則會阻礙我們過上心目中的理想生活，讓我們感覺人生卡住了。例如，許多人已經習慣當鬧鐘一響，就立刻從被窩中伸手按下鬧鐘的貪睡鈕，我們完全沒有意識到自己正在這樣做，只有在一小時後突然驚醒，發現顯然已經趕不及參加今天的第一場會議，才意識到自己一直以來已經按下無數次貪睡鈕。

我們的習慣可能造就出兩種截然不同的人生：一種是自在的人生，讓我們可以在自己喜歡與必須完成的活動輕鬆切換；另一種則是卡住的人生，讓我們彷彿坐在由他人駕駛的車上，眼睜睜看著自己一直在原地打轉。問題在於，「養成新習慣」和「改掉舊習慣」都深具挑戰，我們對此除了全力以赴，深入了解習慣的運作方式更是極其必要。

本書關鍵重點

你是否曾在閱讀一本書時豁然開朗，卻很難準確歸納書中內容，即使幾分鐘前才闔上書本？你並不孤單。如果把記憶想成一個長頸瓶，唯有讓我們覺得重要、能引起情感共鳴、經過反覆練習的資訊，才能順利通過狹窄的瓶口，這也說明我們為何會快速遺忘。即使對於內容頗有共鳴，當資訊量過大，大腦也很難分辨該記住哪些內容。我們還經常將書籍看作外接硬碟，心想哪天有需要時再回頭查找，然而這樣的閱讀過程並不利於學習。

為了方便你回憶本書資訊，本書將為你提供一些小提示，以便你在人生卡住時可以回顧。你也可以拿出螢光筆或摺起書頁一角，標記你希望記住的重點。以下就是第一個小提示：

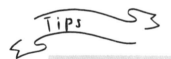

> - 大多數人以為，我們每天會如何行動，選擇吃什麼、穿什麼、做什麼，全都出自於有意識的選擇。但大多數時候，我們連想都不想就直接採取行動。
> - 擺脫人生困境的第一步，是確定哪些習慣會讓我們離理想中的自己愈來愈遠，以及需要培養哪些習慣，才能讓我們更接近理想中的自己。

＼ 案例故事 ／

「上次晤談時我沒跟妳說，其實我已經嘗試戒酒好長
一段時間，但一直沒能成功。我不認為自己有酒精成
癮問題，所以照理說不難戒掉它，但我就是辦不到。
我當初之所以開始喝酒，是因為先前和妳討論過許多
次的那些事，但既然我已經克服這些經歷所帶來的痛
苦，所以應該不是那些事促使我繼續喝酒。我知道壓
力會觸發我喝酒的習慣，所以我總是試著用呼吸練習
等方法應對日常壓力。但正如剛剛我說的，我還是無
法不喝酒。值得慶幸的是，我從未將想戒酒的事告訴
任何人，否則大家就會知道我有多麼可悲。我該怎麼
辦？」

── 來自莎曼珊（三十歲）的電子郵件，
她想再次開始接受心理諮商

　　莎曼珊住在倫敦，是一家科技公司的創始人。如果將她的
成就全都列出來，你一定會認為她是超級厲害的天之驕子。當
人們與莎曼珊初次見面時，有些人會抱持著尊敬的態度，有些
人則是對她的成就流露出羨慕和忌妒。然而人們的讚賞卻讓她
很痛苦，每一句讚美都像是在提醒她，外在卓越形象與內在混
亂掙扎之間存在著多麼巨大的落差。

莎曼珊曾尋求多位心理師的協助：第一位是因為她的焦慮症問題；第二位是在她遭遇一次慘痛的分手之後；第三位則是因為她不喜歡第二位心理師，所以又找另一位來幫助她面對心碎的處境；之後，她在二十九歲時找我幫她解決情緒低落問題。

在諮商過程中，莎曼珊有時會將自己的診療歷史視為自我照顧和克服人生困境能力的證明，但有時又將其視為自我心靈破碎的證據。她總是一直在自我感覺良好和自我否定之間來回擺盪，我們在諮商過程中也花了不少時間來討論她的動機和自虐行為。我們發現，那些造成她不斷自我貶抑的成長經驗，同時也是促使她在展現卓越成就的關鍵。她在極度不安全感的驅使下，必須不斷攀越更高聳的山峰，獲得最終能讓自己滿意的榮耀。我們大概用兩年的諮商時間，幫助她找到未來的前進方向，直到她覺得自己已經準備好，可以獨自面對這個世界。她感覺自己變得更加勇敢，也了解應對壓力的方式。這是一個值得她為自己感到驕傲的時刻。

一年後，我收到一封來自莎曼珊的電子郵件（也就是前面的案例故事），希望我協助她戒酒。在開始進行評估後，一些現象引起我的注意。首先，莎曼珊相信多數酗酒者是將酒精視為一種應對機制，所以我們必須先解決根本性的酗酒問題，否則最後要不是戒酒失敗，就是會轉向更難戒除的新應對機制。其次，她很清楚壓力是引發酗酒行為的導火線，而且已經努力嘗試改善，但情況依舊如故。她很想知道：「為什麼我無法停

止喝酒？」是不是還有什麼至今尚未發現、沒能解決的潛在心理創傷，導致她非喝酒不可？

身為臨床心理師，我大部分時間都在引導人們探究某些行為背後的意義，即使這些行為看似沒有明顯的原因。曾接受四位心理師諮商的莎曼珊，當然也具有豐富的諮商經驗。於是我接下這個挑戰。我想知道究竟發生了什麼？她的內心是否正與一些連自己都沒意識到的事物苦苦糾纏？會是社交焦慮症嗎？各種猜測如潮水般向我湧來。

當晚，在整理個案紀錄時，亞伯拉罕．馬斯洛（Abraham Maslow）的話突然在我腦海中浮現：「如果你擁有的唯一工具是錘子，每個問題看起來都會像是釘子。」當年我在國民保健署（NHS）工作時，就曾經把這句話寫在便利貼並黏在我的電腦桌前，提醒自己：身為臨床心理師，你可能假設所有行為背後都隱藏著更深層的心理意義，然而實際情況可能並非如此。就像其他想要戒掉舊習慣而向我求助的人一樣，莎曼珊相信自己有改變的決心，所以只要解決觸發慣性行為的根本原因，應該就能徹底根除酗酒的習慣。然而，莎曼珊可謂是落入「意志力陷阱」（willpower trap）的典型案例。

關於意志力運作的具體機制，研究人員至今仍無法完全確定。直到不久前，意志力仍被視為一種有限的資源，就像油箱中的汽油那樣總有耗盡之時，一旦耗盡，執行任務的動力就會無油可用（例如：你在公司可以好幾個小時都持續專注在一項艱鉅任務，下班回家後卻發現自己的意志力已經耗盡，無力抗

拒各種誘惑）。然而最新研究顯示，這種理論並不正確，如果告訴自己意志力有限，更可能讓我們在一開始感到疲倦時就選擇放棄。[1] 一些研究人員指出，意志力更像是有高低起伏的情緒，它不會一直存在，所以當意志力出現時，應該盡量善加利用，但不能對它抱持期待。此外，最新的意志力研究還發現，人的動機是出現在行動之後，而不是行動之前（例如：當我們看到自己的努力獲得回報，動機就會油然而生）。

想一想，有多少次你是靠著意志力走出低潮？從沙發起身去健身房？不再發訊息給明明對你很糟糕的前任伴侶？忍住不在線上會議時點開那些更有趣的網頁？當伴侶之外的人想親吻你前毅然拒絕，而不是任憑事態繼續發展下去？然而又有多少次，你的意志力在上述情境中根本沒有派上用場？

想戒掉酗酒的習慣，不能只靠意志力，不是嗎？莎曼珊不僅得找出酗酒的根本原因，還要採取一些明智的措施雙管齊下。就安吉羅那樣，她意識到有些情境（也就是任何會引發壓力的事物）可能阻礙她實現個人目標，而且著手解決這部分問題。然而，莎曼珊並沒有像安吉羅那樣，完全清除可能觸發飲酒習慣的其他提示……這就是她的問題癥結所在！

她沒有告訴任何人她的戒酒計畫，這意味著親朋好友完全不知道在吃飯時分享餐酒的行為，對她來說是多大的誘惑。就像大多數人一樣，莎曼珊沒有意識到當一種行為成為習慣，就會自動受視覺提示（來自外在環境）及內在提示（身體感覺和經驗）的觸發。她沒有意識到，壓力並不是觸發她喝酒慣性的

唯一提示，無論是面臨壓力、結束一天的工作、和朋友聚會、走過回家必經的那條路、看到家裡的廚房或餐桌，都可能讓她想來一杯。由於提示是如此無處不在，大多數時候強烈渴望總能獲得壓倒性勝利。

在莎曼珊酗酒行為的背後，根本沒有有待挖掘的深層心理因素，她曾將處境歸咎於自己的意志力薄弱，但那同樣並非事實。真正的問題癥結，是她並未改變自己所身處的環境。她就像一個想戒掉賭癮的賭徒，卻始終坐在賭場裡。

因此，讓莎曼珊脫離卡住狀態的第一步，就是學習有關意志力和習慣形成的科學知識。現在，我們一起深入了解科學研究成果，確保你也不會落入莎曼珊掉進去的陷阱。

習慣如何形成

二〇二一年，我在一間療養院擔任實習心理師的第一天，就認識安妮和約翰。他們都已經八十多歲，安妮患有阿茲海默症，約翰則因嚴重中風而出現認知障礙。安妮十分健談且討人喜歡，只是衣服總穿得亂七八糟；而約翰恰恰相反，總是顯得冷漠而充滿距離感。他們同樣無法告訴我自己的孫子叫什麼名字，也無法說出自己當天吃了什麼，所以我天真的以為他們失去有關自我的認知能力。

就這樣過了幾週，我開始注意到，安妮每天每隔一段時間就會去探望其他樓友，詢問他們的身體情況如何，並為他們取

來杯子、毛巾等東西。約翰則會在每天早上八點半穿著得體，手裡拿著一堆文件，行色匆匆的走向大門口。這讓當時的我感到有些困惑，詢問療養院工作人員才知道，安妮以前是醫院病房護士，而約翰則是不可一世的企業執行長。雖然他們已經無法記得最近發生的事，但過去的習慣卻依舊牢不可破。

當我們重複一個行為時，就像是踏著過去的足跡前進，隨著行為逐漸演變為習慣，就會在荒地上踏出一條新的小徑。打從我們呱呱墜地的那一刻起，就一直在開拓大腦中的神經通路，每一次行為重複都是在創造更深的溝壑與峽谷，這就是為什麼你的習慣會變得如此根深柢固。用個生動的比喻來說，基本上，你就像是一個由各種習慣組成的超級大峽谷。

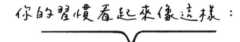

你的習慣看起來像這樣：

提示
（你看到或感覺到的事物）
↓
衝動
（你可能有意識到，但也可能沒意識到）
↓
慣性行為
↓
滿足需求
（達到預期結果）

往好的方面想，你的許多習慣會一直伴隨著你，直到生命盡頭。這就是為什麼人們總說，習慣養成就像騎自行車，一旦學會了，日後即使很久沒騎車，仍然可以像天天都有騎車般平安抵達目的地。

往不好的方面想，即使你意識到有些習慣會對自己造成傷害，但它們很可能會一直伴隨著你，直到生命盡頭。沒錯！如果你不花時間去設法改變，下場便是如此！

一旦習慣根深柢固，無論你是否願意，它都會持續存在。例如即使已經無法從吸菸獲得快感，人們還是會繼續尋求尼古丁的慰藉。這正是頑強習慣的關鍵特質：即使缺乏動機仍不受影響的行為。

值得注意的是，當你養成特定習慣的時間愈長，它在你情感中占據的份量愈重，能夠觸發該行為的提示也就愈多，每當碰上與習慣有關的地點或事物，都會再次與它產生連結。舉個例子來說，和交往多年的情人分手後，你是否常會觸景生情而想起對方？某一首歌、某家街角的咖啡館、某個陽光明媚的早晨、某個下雨的夜晚、一個他一定也會覺得好笑的笑話、一個會讓他翻白眼的評論，這些都可能讓那個人再次浮上你的心頭。這一點也不讓人意外，畢竟你們的生活曾有著千絲萬縷的連結，然而當討論焦點換成自身習慣時，我們往往就不這麼認為。我們並未清楚意識到，生活中有多少事物可以輕易觸發我們的習慣。

對於莎曼珊來說，這意味著她必須意識到，有哪些事物會

觸發自己想改掉的行為，才能著手將它們從日常生活中排除。同樣的，當你嘗試在生活中運用本書中的知識時，請務必留意可能觸發慣性行為的提示，才能在習慣被喚起前防患未然。

☺ 辨認你的習慣和提示

* **學習覺察**：正念覺察（mindful awareness）是一項關鍵核心技能，可以幫助你辨認並克服本書討論到所有卡住人生的因素。「STOP」技巧就是一種快速且簡單的覺察練習，方法是：在手機上設定一天提醒數次的鬧鐘，每當它響起或發現心中湧起強烈感覺或情緒時，立即暫停（Stop）手上正在做的事，深呼吸三次（Take three breaths），靜下來觀察（Observe）自身情緒，並讓自己待在房間裡放鬆片刻，再選擇你接下來想做什麼（choose how you want to proceed）。或者，你也可以在每次鬧鐘響起時問問自己：「我現在正在做什麼？」、「為何要這樣做？」、「這真是我想做的事？」

* **利用正念覺察來了解你的習慣和提示**：在接下來的四十八小時裡，仔細留意自己反覆出現的行為。在你習慣做某件事之前發生什麼事？促使你想做那件事的衝

動，是什麼樣的感覺？即使你已經覺察到觸發因素，你依舊忍不住要做的事是什麼？做完後你的感覺如何？你是否發現屬於你的習慣循環？暫時不用寫下任何內容，我們稍後會再回過頭來整理，現在只需將注意力聚焦於你的行為。

◆━━◆━━◆━━◆━━◆━━◆━━◆━━◆━━◆━━◆

Tips

習慣一旦養成後就會持續終身的特性，既是力量，也是詛咒。這意味著新習慣的養成並不會抹除或取代舊習慣。因此，在嘗試開闢習慣新路徑的過程中，務必創造能支持新習慣的妥善環境。

好習慣與壞習慣

人們時常會談到「好」習慣與「壞」習慣。如果能暫時拋開「好」與「壞」的既定道德判斷，著眼在它們如何影響我們的生活，那麼這兩個術語就會變得大有用處。所謂好習慣，是讓我們更接近理想中的那種人的行為；而所謂壞習慣，則是會使我們偏離人生目標的行為。

飲酒過量通常被認為是一種壞習慣，這確實嚴重影響莎曼珊的生活。然而，對很多人來說，每天小酌一杯卻是一種令人愉悅的好習慣，不會為自己帶來太大傷害；相較之下，在面對重要任務時選擇拖延，卻會對未來帶來極為不利的影響。沒錯！對某些人而言，拖延的習慣比酒精更具破壞力，拖延的當下可能感覺沒什麼大不了，只是偷個懶、滑一下手機，這又能有多糟？聽起來確實還好，可是如果你今天偷懶十分鐘，明天再十分鐘，整整一年的每一天都這麼做呢？那就是拖延三千六百分鐘或六十個小時。假設一天工作八小時，你一年有將近八個工作日都在拖延。

　　人們往往不善於綜觀全局，看不清微小行為累積而來的巨大影響。這就像把一隻青蛙放入一鍋冷水裡慢慢加熱，一次只提高一度，等青蛙意識到自己快要被煮熟時，才發現為時已晚（這真是一個可怕的畫面）。不幸的是，每當我們開始慢慢養成一個新習慣時，都像是那隻溫水裡的青蛙。

　　十八世紀頗具影響力的美國神學家納撒內爾・恩門斯（Nathanael Emmons）曾說：「習慣若不是最好的僕人，就是最差勁的主人。」我不得不說，拖延猶如一位殘酷的情婦，承諾帶給你更多快樂與歡愉，讓你遠離手頭上的繁重任務，使你深受吸引而難以自拔。然而，你所得到的這些快樂與歡愉，並不能阻止任務截止日如期到來。

　　就許多人而言，壞習慣之所以形成，是因為我們總在尋求能快速滿足需求的權宜之計。就像按下貪睡鈕、滑手機、瘋狂

拖延習慣的循環

想到必須做一件新的、費力的、複雜的事
↓
開始感覺不舒服
（提示）
↓
出現想避免這種感覺的衝動
（衝動）
↓
想著「不如再延一天？我明天一定做」，
或者出現想改做另一種活動的念頭
（反應）
↓
不舒服的感覺被消除
（解決）

追劇，這些活動都遠比當下真正該做、無聊又費神的事更具吸引力。而且如你所知，我們養成某種習慣的時間愈長，能觸發該行為的提示就愈多，擺脫它的難度也就愈高。例如：過去你會在漫長的一天結束時，看看社交媒體或電視來讓自己放鬆，然而現在的你每當感到壓力、無聊、困惑、惱怒或疲倦時，就會不自覺開始想要滑手機或看電視。突然間，你發現自己的優先事項是盯著螢幕，而不是完成工作。這意味著那些權宜之計

最後會浪費你生命中的好幾個小時，逐漸侵蝕你完成日常任務的能力。

讀到這裡，如果你想的是：「天啊！我就是這樣。」那麼我要誠實告訴你：我也是，幾乎所有的人都是如此。然而，為自己感到羞恥並不是改變行為的解決方法，而且通常只會令你更加沮喪！所以，請停止那些負面自我對話（這是另一個需要改掉的壞習慣），請你繼續讀下去，因為在本章結束前，你就會知道該怎麼做。如果你認為自己的拖延不只是一種習慣，本書第三章會幫助你找出造成自我破壞行為的真正潛在原因。

✦━✦━✦━✦━✦━✦━✦━✦━✦━✦━✦━✦

☺ **了解你的好習慣和壞習慣**

* **問問自己**：你的人生為什麼會卡住，是因為總是無法養成好習慣，還是壞習慣阻礙你成為理想中的那種人？事實上兩者都有可能，因為壞習慣（例如：把該做的事拖到明天，或將行程排得太滿）往往會使養成好習慣變得更加困難。

* **想想未來**：「你將來想成什麼樣的人？」如果你對這一點還沒有想得很透徹，請翻到第二章第102頁的「知道你在生命中真正想要的是什麼」練習，然後打開附錄的

練習一，完成問題1和問題2。請不要跳過這個步驟，這個練習對養成良好習慣至關重要，因為人的動機源自於自我認同。我之所以寫下這本書而不是上街追捕現行犯，是因為我希望成為一個樂於分享所知的心理學家，而不是一名警察。因此，在練習的過程中，請不要感到擔心及害怕，沒有任何人會評價你。請務必思考，並寫下你想成為的那種人所擁有的價值觀和遵循的生活方式。

並非所有習慣都是平等的

到目前為止，我們已經明白習慣是為了滿足特定需求而形成（像是準時完成一項任務，或是分散注意力以減緩不適感），但我們需要知道的不僅止於此。有時候，有待被滿足的需求是一種神經化學物質或實質性獎勵（例如：尼古丁帶給大腦的強烈刺激、看到心儀對象朝你微笑時胃部產生的緊張感，或是在完成艱鉅任務後獲得晉升）。

談到獎勵，內在獎勵（例如：滿足感、意義感或強烈的情緒轉變）遠比外在獎勵（例如：金錢）更能有效預測新習慣的形成。獎勵愈大，你學會渴望它的速度就愈快，重複相關行為的動力也就愈強。

我的個案安妮塔是個積極上進的人，對於消滅待辦清單事

項和掌握各種高效工作術有著無比熱情。當恐慌症開始發作，她感覺自己彷彿就要死去或瀕臨「徹底瘋狂」，這是所有恐慌症患者都會經歷到的感受。為了解決恐慌症發作帶來的極度不適，她馬上開始行動，瘋狂閱讀各種探討如何應對焦慮的部落格，嘗試呼吸與著陸（grounding）練習，以及各式各樣有科學根據的應對技巧。然而無論她如何努力，都無助於改善恐慌發作的情況。

當安妮塔前來求診時，我對她多方嘗試克服恐慌症的勇氣感到佩服。身為一個曾經歷恐慌發作的過來人，我深知它有多麼可怕。每當它開始肆虐，我只想蜷縮在床角，祈禱有什麼東西或是有誰可以解除我的痛苦。

安妮塔嘗試過幾乎所有的建議，只不過她做得並不夠，因為每次她嘗試一個方法，發現「沒效」就立刻轉而嘗試下一個。我這麼說並無貶意，第一次嘗試這類技巧確實會讓症狀加劇，因為這些技巧會讓你關注過去自己拚命想忽視的感覺，讓你腦中的警報聲愈來愈響亮。大腦彷彿在不停對你尖叫，警告你這樣做就像是在燃燒的油上澆水，若不馬上停手，象徵著你的這棟房子將完全付之一炬。但事實並非如此，當你面臨焦慮問題時，這些練習至少會是部分解決方案。正如我告訴安妮塔，必須用賴以維繫性命的態度進行練習，直到它們變得習以為常，在需要緩解焦慮的時刻能夠立即派上用場。

剛開始，安妮塔覺得內心很掙扎，得要格外留心才能記得做呼吸練習，卻看不見立竿見影的效果，因此缺乏獎勵回饋來

激勵她養成新習慣。儘管如此，她還是繼續堅持下去，她設定手機行事曆，每天提醒自己定時做五次呼吸練習。持續呼吸練習一陣子後，某天她的恐慌突然消失。那種如釋重負的感覺（內在獎勵）更激勵她努力練習。到後來，只要開始放慢呼吸，她的心情便會同時放鬆下來。

在內在獎勵出現並與特定行為完成連結之前，你需要投入時間和大量練習，然而一旦完成連結，內在獎勵就會變得更強烈、出現得更快，讓新習慣變得更加牢固。這就是為什麼我先前會說：「人的動機是出現在行動之後，而不是行動之前」。

建立核心習慣

只要讓安妮塔看到能夠提升效率的機會，她肯定不會輕易放過。大約一個月後，她告訴我自己正嘗試將學到的知識，應用在生活中的另一個領域。身為一名自由工作者，她發現自己明明知道該寄發帳單給客戶，卻經常不斷拖延，即使設置多次提醒，自己依然會刻意忽略，所以從未養成準時寄發的習慣。她問道：「為什麼會這樣？照理說，能夠收到白花花的現金，就應該足以激勵我養成寄帳單的習慣呀。」

安妮塔拖延寄發帳單的原因很多，但關鍵是從「帳單寄出」到「客戶付款」會間隔一段時間（通常至少要一個月），這意味著她從未將「行動」與「獎勵」清楚連結在一起。由於缺乏明確、即時的獎勵，寄發帳單成為一個必須勉強自己去做

的例行雜事，只有在發現銀行帳戶餘額下降時，她才會有開始行動的動機。

　　為了改變拖延的行為模式，我們決定試著讓寄發帳單成為一種習慣。怎麼做呢？我們想出每週讓她與朋友進行一次線上會議，並規定她們必須先處理掉手上最無聊的任務。沒錯，你猜對了！就是寄發帳單。當時間一長，「先處理掉手上最無聊的任務」成為第二天性，她就克服拖延寄帳單的問題。

　　安妮塔後來成功建立起《為什麼我們這樣生活，那樣工作？》（*The Power of Habit*）的作者查爾斯‧杜希格（Charles Duhigg）所說的「核心習慣」，也就是會連帶影響生活其他方面的習慣，例如：誠實（因為這會間接影響你所有的人際關係）、早上醒來時就做出當日詳細的行動計畫（因為這能幫助你整理和思考當日的優先事項），以及定期冥想（因為這有助於調整你的心情和抗壓能力）等等。

　　形成新習慣的關鍵在於：如果你有能力完成某個任務，並能從中獲得夠大的獎勵，那麼只要獎勵能出現在完成任務的時間點附近，就可能逐漸讓它成為你的習慣。不過，這可能需要持續一段時間。研究顯示，養成習慣通常需要花上兩週半至九個月。[2] 正如我之前提到，養成習慣的速度受許多因素影響，像是任務本身的難度、執行任務的頻率，以及你能從中獲得獎勵的多寡。然而有些事情真的單調乏味（例如：寄發帳單），我們也只能硬著頭皮勉強自己去做。

你需要知道什麼樣的獎勵才是你想要的。就像每個人的習慣不可能完全一樣，你我想要的獎勵也不會完全相同。獎勵愈大、回饋愈及時，習慣養成所需時間就愈短。這個經驗法則適用於所有的習慣。

巨大的感官衝擊

不幸的是，生活中許多帶給我們最快速、最強烈回饋的事物，從長遠來看對我們是有害的。可待因、古柯鹼、海洛因等藥物之所以成癮性極高，是因為身體會接收到非常強烈且立即的生理衝擊，以至於只需短短幾天就會開始形成習慣。尤其是當你獲得的不僅是生理上的獎勵，還會感覺自己彷彿被從孤獨、恐懼和悲傷（這些都是成癮行為背後所潛藏的重要驅動因子）中解放出來。

如果經常使用古柯鹼或酒精等物，我們不只會產生依賴性，甚至還會造成DNA的改變，像是消除基因中能阻止習慣養成的先天抑制能力[3]，導致我們更傾向依照慣性行動。如果這彷彿就是你的寫照，請不用擔心，本書所談到的各種技巧對

你仍然適用。你還是可以養成健康的新習慣,並且擺脫那些造成人生卡住的舊習慣,只不過你在計畫擺脫困境的方法時,可能需要更加提高警覺。如果你需要專業人士的幫忙,可以向許多針對成癮問題而成立的支援團體求助。

如今,毒品已經不是製造巨大感官衝擊的唯一來源,更大更好的誘惑無所不在。在英國,每四分鐘就會消耗掉一公噸洋芋片,麥當勞每天為三百八十萬人提供服務。**4** 上述數字之所以如此驚人,是因為這些食品被設計成用來劫持我們大腦的獎勵中心。洋芋片被賦予更爽脆的口感(研究顯示,咬下去的嘎吱聲愈大,人們吃得愈多)、更快速的味覺傳遞,確保你把洋芋片放進嘴裡的那一瞬間,就能感受到強烈的化學物質衝擊。同樣的,麥當勞薯條被設計成能在你的口中快速分解,比任何非加工食品更快將鹽味傳遞至味蕾,在你咬下去的瞬間,就能即時得到獎勵。

你有沒有想過,為什麼人們面對芹菜,甚至是美味的牛排時,並不會像許多人(包括我自己)對洋芋片和麥當勞那樣失控?這是因為天然食物並沒有內建要引我們上勾的設計,芹菜根本不在乎你吃不吃它,至於牛如果能做選擇,應該會由衷盼望你別吃牠!它們並非為了我們才存在。然而,食品製造商卻是真心在乎我們,畢竟如果我們不想要他們的產品,他們就賺不到錢。

我們都知道尼古丁有多麼容易上癮,但當吸入香菸後,你的大腦要6至10秒才會出現神經化學變化,而將鹽或糖放在舌

頭上則只需0.8秒左右。**5** 一看到洋芋片包裝或麥當勞的金色拱門，許多人的習慣就會被觸發，於是我們就像殭屍一樣，一步步走向心心念念的食品。

一旦企業能夠劫持我們的渴望，就代表走上了成功之道。速食、社交媒體和成人網站無疑是可以最快速提供感官刺激的產業，也最有可能讓你上癮。但它們極有可能讓你不再能從真實的食物、人和性愛中獲得滿足，因為現實世界根本無法引起同樣強烈的刺激。它們也最容易獲得大公司的支持，投入數百萬美元研究如何讓人更快獲得感官衝擊，以確保顧客繼續選擇他們的產品，而不是轉而投向競爭者的懷抱。

除此之外，獎勵還有一個令人困惑的事實：相較於可預測的獎勵，不可預測的獎勵對我們更具激勵效果。這就是為什麼社交媒體會被設計成用點讚和追蹤，來間歇性強化你的行為，好讓我們欲罷不能。這也是為什麼對大多數人來說，那些給我們發訊息就馬上消失，好幾天後又突然再度出現的人，反而更具有吸引力。

簡而言之，我們的人生之所以會卡住，一方面是我們已經養成一些習慣，而這些習慣阻礙了我們真正想做的事；另一方面則是特定事物或狀態的突然出現。當我們真正了解習慣及其運作方式，就會恍然大悟：我們認為生活中會分散注意力的大多數事物（比如不斷查看手機、在超市零食區迷失方向、在該工作時上網購物），根本不是導致注意力分散的主因，真正的罪魁禍首是外部環境或我們的內部狀態（比如無聊或飢餓）觸

發我們無意間養成的習慣。

　　我之所以要告訴你這些，首先是希望確保你會同情那個有著你討厭的習慣的自己；其次，也是最重要的是，我想特別強調：當我們決心要改變習慣時，必須仔細考慮我們所身處的環境，也就是它所給予的提示和獎勵。對於那些養成自己討厭的習慣，但還是堅持要改變的人，請特別注意：在你發現自己有著討厭卻還無法擺脫的習慣時，請不要感到灰心。

　　正如我們之前學到的，即使我們已經意識到某些習慣會造成不良影響，但它們依舊會如影隨形。那麼，到底該怎麼辦？我們可以透過正念覺察，關注壞習慣發生時的實際體驗，一段時間之後，就能和該行為建立起新的連結。

　　就以吸菸為例吧！如果你想戒菸，當你意識到自己又不自覺開始吸菸時，請特別留意觀察你所體驗到的一切：吸菸時，你的嘴巴有什麼感覺？你的腦袋有什麼感覺？吸完後你有什麼感覺？內心不帶主觀判斷的開始蒐集證據。你真的喜歡它嗎？還是它會讓你感到胸悶、頭暈？只要如實記錄下來就好，並留意你的大腦如何在一段時間後，慢慢將提示、渴望與「等一下……也許我根本就不想做這件事」的想法連結起來。這是一個緩慢的過程，但效果相當不錯。

解決壞習慣，引進好習慣

* **請翻到附錄的練習一，將可能觸發壞習慣的提示在問題 3 中一一列出**：你是因為無聊而拿起手機？還是因為寂寞？或者僅僅因為它就放在眼前？你是因為身體疲憊，所以賴在沙發上而不去做該做的事？還是因為影集結束後，Netflix 會自動播放下一集？列出所有你能想到的提示。然後，圈出任何你可以從生活環境中刪除的提示，並寫下你打算怎麼做。（例如，如果你一直發訊息給明明對你很糟糕的前任對象，要不要考慮乾脆刪掉他的聯絡方式？）

* **在問題 4 中，寫下這些壞習慣能為你提供哪些獎勵或解決方案**：例如，當你屈服於做某件事的衝動後，感覺到的是某種渴望的滿足，還是某種負面情緒狀態的改善？

* **在問題 5 中，列出你可以參與且能滿足上述需求的活動**：這些活動最終可能成為能夠取代壞習慣的新習慣。參加戒酒無名會的人都會被分配到一位支持者，以便在喝酒的渴望出現時可以打電話和他聊聊。你打算用什麼新活動來滿足需求？千萬不要跳過這個步驟！寫下行動計畫可以讓目標達成率提升至 42%。[6] 更重要的是，當我們試圖去除一個習慣（而不是用其他習慣加以替代）

時，容易導致以下處境：①最有可能發生的情況是腦海中陷入「我要做嗎？」、「我不做嗎？」的糾結與拉扯，最終我們為了平息內心的喧囂，乾脆直接重拾壞習慣。②直接移除潛在的安全網，卻沒有供替代方案（千萬別忘了，許多壞習慣是為了緩解孤獨、悲傷和恐懼等情緒狀態），這會誘使我們尋找更強大的東西來控制情緒。③可能導致我們錯過善用現有的習慣循環（即具備提示和預期結果的行為模式）。所以拜託，請千萬要完成這個練習。

* **在問題6中，寫下你希望未來能夠養成的「好習慣」，並在問題8中，寫下你將如何獎勵這些新行為：**請同時考慮外在獎勵（例如跑完步和朋友一起喝杯咖啡）、內在獎勵（例如跑步會讓你感到愉悅和自豪），以及該行為對未來的影響（例如明天早上起床時會更有精神）。在每次重複你的新行為之前，對自己說：「我要做＿＿＿＿＿＿＿（填入活動名稱），然後，我會感到＿＿＿＿＿＿＿（填入你從中獲得的獎勵、它為你帶來的感覺，或它會對未來的你做出的貢獻）」。你可以將這項活動寫在行事曆中，並將你的感受註記在活動標題後面。

* **在新活動進行一段時日後，規畫間歇性獎勵：**例如你和朋友一起跑步，可輪流決定運動完要一起做某件事，偶爾也可以什麼都不做。重點在於，沒人事前知道今天有

沒有獎勵、獎勵是什麼，得到活動開始後才會揭曉。

* **不要在進行新活動前預先獎勵自己**：我知道這麼做很誘人，我在寫作前有時也會看看Instagram上的狗狗照片，或先喝杯咖啡來讓自己進入情況。但一旦這麼做，等於是讓你的多巴胺在任務開始時就已經飆升，那麼任務本身帶給你的內在獎勵就會變得平凡無奇。請記住，古柯鹼之所以讓人高度成癮，是因為它給予的獎勵感，比人們自身所能創造出的任何東西都更強烈。當然，不用完全剝奪生活中的小確幸，但務必讓新活動提供你感到心情為之一振的機會。

重複和出錯

讓我們回到我和安妮、約翰在療養院相處的那段時間。儘管阿茲海默症和中風使記憶力大幅受限，他們依舊保有照顧他人和早起工作的舊習慣，而且搬進療養院後，他們還持續增加許多新的行為模式。這讓當時的我有些訝異！我們一定要靠記憶才能養成新習慣？不，事實並非如此。

在療養院中，許多人並非藉由嘗試錯誤來學習，而是透過「無誤學習」（errorless learning），這是一種比較花俏的說法，

其實就是將一項技能拆解後逐項教導，讓學習者持續練習，並在犯錯前就加以阻止），例如學會自己穿衣服和找到去附近商店的路。這個方法之所以有效，是因為大腦中負責習慣和記憶的區域並不相同，所以只要和習慣有關的大腦區域完好無損，習慣就可以被養成。重複正是其中的關鍵所在。

在為這本書蒐集資料時，我聽到一個名為「休伯曼實驗室」（Huberman Lab）的Podcast，史丹福大學神經生物學系副教授安德魯·休伯曼（Andrew Huberman）講述一個十分不尋常的案例，讓我獲益良多。研究人員很早以前就知道，如果將兩隻實驗鼠放入一根管子裡，其中一隻會將另一隻擠出去；他們還知道應該賭哪一隻會贏：要不是體型最大的那隻，就是在上一回合中勝出的那隻（贏得勝利者會更加努力讓自己繼續成為勝利者）。

然而在二〇一七年，研究人員發現另一種打造勝利者的方法，這個方法與體型大小、睪固酮水平或是不是勝利者無關，而是刺激實驗鼠的背內側前額葉皮質（dorsomedial prefrontal cortex），這是大腦中負責進行成本效益分析，並分配要在某項任務上投入多少精力的區域。[7] 在實驗中，研究人員將一組實驗鼠放進一個狹窄空間，裡面只有一小塊用燈泡加熱的溫暖角落，其他地方全都非常寒冷。他們發現，背內側前額葉皮質時常受到刺激的實驗鼠，最終會比其他實驗鼠更接近燈泡。大腦刺激並沒有讓實驗對象變成「超鼠」，但它確實增加實驗鼠的毅力；牠並沒有變得比其他實驗鼠更強壯，但牠能夠為達成

目標而付出更多努力。

　　你當然不是一隻試圖擠到燈泡前的實驗鼠，但你很可能和我一樣，只是一個缺乏充分毅力和耐力去實現預期目標的普通人。如果這個案例同樣能夠讓你有所共鳴，那麼你就已經掌握成功的第一個要訣：一次又一次重複你的新行動，無論如何都別放棄，最終一定能夠抵達目的地。

　　還記得前面我提過，重複一個習慣就像是在荒地上踏出一條新的小徑嗎？讓我們繼續運用這個比喻，但這一次，我想請你想像自己身處在一片長滿高大作物的田地。田地中央有一條路（它代表你的舊習慣），這條路之所以存在，是因為你一遍又一遍由此走過，逐漸踏平作物，最終留下一條清晰的步道。現在假設你決定不再走這條路，想走出一條不同的路，於是你踏進那片高大作物之中。也許你會想要放棄，這條路真難走，真想趕快回到那條輕鬆的老路；也許你堅持奮力前進，注意到走出一條新路是多麼費力，讓人很快就筋疲力盡。

　　如果你成功的穿越田地抵達另一邊，實在太棒了！簡直完美。現在，請想像一下你剛走出的那條小徑，人們能夠一眼就看出那是一條路嗎？與你平常走的路相比，它看起來如何？沒錯，與舊路相比，新的小徑幾乎看不見，只有一些隱約的痕跡。如果你仔細尋找，勉勉強強可以找到它，只是不太容易發現。

　　這就是我們每次嘗試改變習慣時會經歷的簡化版過程。遭遇阻力會讓人很快感到疲倦，促使我們更可能選擇放棄。因此，如果我們只將新行為重複幾次，雖然已經建立起程序性記

憶，可是距離形成習慣還是非常遙遠。

　　請想想，你有多少次設定好新年的新希望，但只執行幾週就放棄？你是不是經常為自己設定新目標（像是在參加鐵人三項或度假前天天運動），可是只要目標實現就會馬上停止？你又有多少次下定決心要戒掉酗酒或浪費金錢的習慣，但在克制幾天之後又故態復萌？這些都是正常現象，我們可以透過堅持來解決問題。

　　談到這裡，有個有趣的事實你必須知道：如果你將焦點放在「觸發」而非「執行」習慣，就能更快養成新習慣。**8** 這意味著能夠觸發新行動的衝動，比你在行動過程中所做的事更加重要。舉例來說，如果你想去健身房，就要盡可能創造更多能觸發健身衝動的提示，無論是將健身裝備放在清晨醒來第一眼就會看到的地方，還是提前預定好健身課程，這些都比你抵達健身房後所做的事還重要。所以，重點應該放在「如何促使自己去做這項活動」，而不是「當你到了那個地方後會做什麼」。請記住這一點，然後返回附錄練習一中，完成問題7：「為了觸發新習慣，你可以在日常生活中添加的提示」。

　　必須特別注意的是，如果你想一次養成太多新習慣，或總是等到行動當下才開始準備所需物品，那麼事情就不可能順利進行。同時引入太多活動，會讓你為兼顧所有新計畫而迅速耗盡精力。沒有準備好建立新習慣所需要的東西，就得臨時到處奔走張羅，為自己增添許多額外障礙。事先開始想著：「我要排除一切干擾，我明天一定要開始……」，並預先做好相關準

備，這些將會大幅降低養成新習慣的難度。

　　如果你是在一天尾聲時讀到這裡，突然想起自己今天還沒重複正在試圖養成的習慣，那麼請暫時放下書，在腦海中按照計畫步驟一步步執行。如果你想養成洗臉的習慣（只是舉例，可沒有暗諷你不愛乾淨哦），請想像自己走向洗臉盆，打開水龍頭，將洗面乳搓出泡沫，塗抹在皮膚上……。你的大腦很清楚現實和想像的差別，想像永遠無法取代現實，但這樣做，仍然有助於觸發大腦中重要的感覺接受器，啟動學習所需的核心歷程，幫助你在第二天重複這項任務時更加容易。

✦━━✦━━✦━━✦━━✦━━✦━━✦━━✦━━✦━━✦━━✦

😊 養成新習慣的障礙

* **問問自己**：過去試圖養成新習慣時，曾出現哪些試圖干擾你的障礙？當障礙再次出現時，你該如何克服它們？雖然不知道你的答案是什麼，但我還是把可能阻礙你養成新習慣的常見原因列在下方，供你參考：

1. **你沒有制定計畫**：幸運的是，如果你跟著我一起做本書中的練習，你就已經逐漸遠離這個常見的陷阱。

2. **你沒有在行事曆上為所需的改變騰出時間**：許多人計畫每週去五次健身房，實際上卻忙到連睡覺時間都不夠，

或是信誓旦旦說：「我今天一定會做！」但等到一天結束時依舊沒有行動。為了避免上述狀況，我們必須在行事曆中妥善安排好新的活動。（不過先別急著動手，請先讀完本章，找出安排某些活動的最佳時機。）

3. **你對自己想做的事情想得不夠仔細：**將你要做的事情細分為幾個較小部分。舉例來說，如果你正在養成與工作有關的新習慣，在陳述要做的事情時，不要說「處理工作」，而是要說「更新社群網站上的部落格文章」或「寄帳單給客戶」。然後要明確說明將在什麼時候做，例如：「我一抵達辦公室，就會寄帳單給客戶。之後，我將完成部落格文章，發布在社群網站上。」

4. **你覺得把事情細分得太小會很無聊，所以你的起點總是不夠小：**使用牙線時，你設定的目標是「一次清潔一個牙縫」，還是「一次清潔整個口腔」？剛開始慢跑時，你設定的目標是「先跑五分鐘」，還是「直接跑三十分鐘」？科學研究告訴我們，若能設定適當的訓練難度，正確完成率在約85%時學習效率最高。[9]科學還告訴我們，如果我們已經成功完成某件事，之後再做的成功機會會更大；如同一隻實驗鼠贏過一場比賽，它贏得下一場比賽的機率也會更高。同樣的，就我們而言，用愉快的心情完成待辦事項清單上的事，可以激勵我們產生接下去做另一件事的動機。

5. **你沒有讓其他人參與行動：**別再單打獨鬥了，去尋找與

你有共同願景、也想戒掉相同壞習慣或從事同樣活動的人。參加這樣的團體不僅能增加責任感，也能增強你對嶄新自我的認同感，讓你更能享受並維持這個習慣。現在，回到附錄的練習一，完成問題10。

6. **你沒有選擇一個核心習慣（也就是能產生廣泛影響的單一行動或規則），而是選擇多個更難採取行動的小習慣：**還記得一直拖延寄發帳單給客戶的安妮塔嗎？她後來透過養成兩個核心習慣，成功克服拖延問題：① 她為自己設定規則：「我一定先做最困難的事情」；② 和朋友每週開一次線上會議，討論本週計畫和如何落實，以及在前一週取得的成就。如果你正在努力改變某個行為，請考慮可以建立哪些核心習慣來幫助自己採取有價值的行動。例如：你希望晚上能夠睡得更好、白天工作時能更集中注意力，研究顯示寫日記、靜坐和晨起運動是有效的核心習慣。如果你對核心習慣很有興趣，請重新檢視你希望建立的習慣清單，圈出能夠產生「涓滴效應」（trickle-down effect）的習慣，並下定決心從這些習慣開始。

7. **你陷入「管他的效應」（what the hell effect）：**通常是發生在我們做出糟糕決定時，例如喝下自己說過不喝的那杯酒，然後自暴自棄的想：「管他的，反正我已經違背對自己的承諾，不如乾脆把整瓶都喝完吧！」治療這種症狀的解方有三個步驟：① 首先，原諒自己的錯誤，提醒自己人人都有可能犯錯。羞恥和罪惡感只會驅

使我們追求更多自己想要避開的東西，無論是想撫慰自己的情緒或懲罰自己的行為，都只會讓自己愈陷愈深。②請記住時時刻刻都是改變習慣的好時機。無論你犯下錯誤時是早上、中午或晚上，都不代表這一天已經被你摧毀，必須等到明天才能重新來過。當你發現自己身陷舊習慣，當下就能立即開始改變。③請為再度陷入舊習慣預作因應計畫，本章後文會針對此點做詳細討論。

8. **你在自我破壞（self-sabotaging）：** 我們將在第三章認識並徹底解決這個問題。

Tips

- 舊習慣勢必會捲土重來，尤其當出現壓力或相關提示時。改變的第一步是要學會原諒自己，故態復萌固然惱人，但關鍵是接下來你要怎麼做。

- 若選擇責備自己，認為自己永遠無法改變，情況只會愈來愈糟；相反的，若能原諒自己，視之為養成好習慣的必經過程，你就已經踏上成功之道。

開始新習慣的最佳時機

有件事我想向你坦白。每當我讀到有關如何克服特定挑戰的新研究或新理論時，總會想立即將這些想法付諸實踐。但在我第一次讀到改變習慣需要做的事前準備時，內心卻充滿抗拒。我不願意為新習慣制定時間表，因為我堅信自己擁有一個自由的靈魂，時程框架肯定會剝奪我的人生主動性。然而，當我開始誠實探索自己自由的靈魂時，卻發現我的生活中更多是混亂，而不是主動自發。

過去有段時間，每天早晨，我總在最後一刻才從凌亂的床上滾下來。煮一大杯咖啡，然後一邊喝咖啡，一邊做填字遊戲，等到出門搭火車時已經很晚了。當我抵達第一場會議時，其他人都已就座，負責開場的人都講完了。一天剩下的時間，也都在類似的狀態中度過。儘管行事曆在前一週就已經擬定，但我似乎依舊處於被動應付的狀態，等到看到下一件要做的事才驚慌失措。我能確實完成的，只有工作以及那些有截止日期的事，完成它們的動機不過是怕給別人添麻煩。

至於那些純粹為自己而做的事情（例如彈琴、冥想或散步）全被我拋諸腦後，因為似乎總是沒時間去做。我不得不向自己承認，我的人生卡住了，需要做出改變。於是，我開始研讀那些過去一直不願去看的文獻，重新認識到以下事實。

養成新習慣最簡單的方法，不是嚴格制定每小時的時間表（例如「每小時喝一次水」或「每週日中午十二點打電話給外

婆」），而是善用現有的習慣，讓它們成為你想觸發新行動的提示（例如「每當我起身離開辦公桌時，都要確定桌上那杯水已經喝完」，或者「週日吃完午飯、將最後一個盤子放入洗碗機後，就立刻打電話給外婆」）。將新舊活動疊加在一起，隨著重複次數愈多，它們就會成為帶著現成提示的嶄新自動化行為。此外，善用體內的生物時鐘，也可以助你一臂之力。

你知道嗎？在清晨醒來的頭八個小時中，你的大腦已經準備足夠的正腎上腺素、多巴胺、皮質醇等化學物質，警覺性和注意力也大幅提升，讓你可以應對最具挑戰性的任務。這段期間是開始實行新習慣的最佳時機，因為你必須挑戰一些陌生且困難的事物，幾乎無法避免會遇上不少阻力。

在醒來後的第二個八小時，你的大腦化學物質會發生變化：之前提到的正腎上腺素和化學物質減少，而血清素的增加會使你感覺較為放鬆。這段時間適合用來處理例行性活動，或是進行一些較為放鬆的習慣，例如靜坐、做瑜伽和寫日記等。然後在一天最後的八小時中，大部分的人都躺在床上睡覺（除非你上大夜班或是新手父母），我們的大腦會鞏固並重塑當天的學習內容。

了解這一點之後，我開始設計自己的行為實驗。我希望能掌控自己的時間，所以我做了本章到目前為止介紹過的所有練習，並列出如何、何時進行每項活動的計畫。我運用疊加習慣的技巧，以及早上進行最具挑戰性任務的原則，制定出以下「每日早晨計畫」。最棒的是，裡面包含對我來說最困難的任務：維持居家整潔！

⌣ 我的每日早晨計畫

當我甦醒並從床上起來(每天都會出現的例行性行為,但現在成為新提示),我就立即整理床舖(這是新反應,並成為下一個活動的提示)。接著,我洗臉和刷牙(這是我每天必做的事,但現在變成下一個活動的提示),然後下樓整理客廳(新的例行動作,但成為舊有例行性行為的提示)。按下咖啡機開關,然後吃掉放在咖啡機旁的維他命(添加上的額外行為)。咖啡煮好後,喝掉它(獎勵)並玩一回合填字遊戲(獎勵),然後把咖啡杯放入水槽,走出廚房看到電子琴,就順便彈個十分鐘(既是行為,也是獎勵)。早晨的例行程序到此全部完成。

完成計畫後,我從櫥櫃中拿出面霜放在牙刷旁,把維他命放在咖啡機旁,然後把電子琴搬到廚房和大門之間的新位置(這部分較具挑戰性),這樣看到每件物品時,都會提示我想起新習慣。遵循這樣的例行程序一週後,我意識到機械式提示並重複特定行為,反而能讓我獲得一種前所未有的自在感。幾週後,我已經可以從容的準時搭上火車,整天思緒清晰,而且家裡始終乾淨整潔。

在嘗試養成新習慣的過程中，想想自己是否有任何可能阻礙改變計畫的信念，然後根據新習慣需要消耗的精力多寡，將它們安排在一天中最適合的時段。一旦某項活動完全成為習慣，你就不必再如此嚴格的安排時間，但上述方式依舊是值得參考的指導原則。

你或許正在想：「等一下！妳剛剛不是說不要一次開始太多新習慣嗎？可是妳的每日早晨計畫卻同時增加好幾項新習慣。」沒錯，不過其中關鍵在於：我們是將所有習慣串連成一條綿密無縫的事件鏈，並對身處環境做相應的調整，使它成為一個只要順著提示就能順利完成的新例行程序，並不需要額外記住任何事情。

⌣ 將新習慣設定在最適合的時段

* **讓我們回到附錄一，思考關於你想要養成的習慣，並完成問題9：問問自己，每個新習慣在一天裡的哪個時段做最合適？是起床後的第一個八小時，還是下午時段？然後回顧你的每日時間表和習慣清單，想想那個時段有什麼已經養成的舊習慣，可以讓你將新習慣附加其上？直接將新習慣疊加在既有舊習慣之後。記得利用前一個活動的結束，當成下一個活動的提示。**

如果你想做出真正的改變，你需要計畫、計畫、再計畫。務必弄清楚你要做什麼？什麼時候做？

SOS！我卡住了！ \ **案例故事** /

「在我感覺強迫症已經獲得控制之後，我的生命進入全新的階段，也開始嘗試新的活動。不過老實說，雖然開頭相當不錯，但是在那之後，我覺得不管我嘗試做什麼，似乎都只會愈來愈糟。」

——扎克，四十歲

　　為了治療「闖入型意念」（intrusive thoughts），扎克來到我的診所。闖入型意念是一種在日常生活中強行進入我們意識層面的念頭，它會讓你相信自己有能力做一些難以想像的可怕之事，使你心生恐懼，擔心如果告訴別人自己有這些可怕想法，他們會擔心你有可能危害社會，因而立刻報警將你關起來。從他第一次出現這些想法到下定決心向心理師求助，已經

有十一年之久，因為他一直相信是因為自己的性格有缺陷，而不是心理健康出了問題。第一次接受治療時，他臉上流下的淚水訴說著多年來獨自承受的痛苦，那些無盡的恐慌和無數失眠的夜晚，以及他為壓抑這些念頭所做的努力。他表示希望我能幫助他，但是如果我感到厭惡或選擇報警，他也能夠理解。看著他蜷縮的身影，我感覺他彷彿是在懺悔，而不是在請求接受心理治療。

當他得知這些想法只是單純的想法，不僅絕大多數強迫症患者都曾有過相同經歷，而且可以透過「暴露不反應」（ERP）獲得有效治療時，他如釋重負的鬆了一大口氣。他當時眼中散發的光芒，只有在之後他自豪的告訴我「那些闖入型意念都已成過眼雲煙」時能與之相比。看著他之後對生活展現無比熱情，真是令人開心。他在治療中非常努力，現在終於來到收穫時刻。他並不奢求巨大的改變，只想過著讓自己感覺舒心的日子，包括定期運動（他想開始慢跑）、有足夠的休閒時間（他喜歡彈鋼琴、學習西班牙語和拜訪朋友），此外，他還想開始寫作。我之所以分享這個故事，是想讓你明白，扎克多麼想讓自己改變，他渴望擁有一種全新的生活，並且準備好要全力以赴。

我們致力於將新習慣融入他的生活之中，排除任何可能阻止他的障礙（換句話說，我們去除會引發舊習慣的提示，並加入可能觸發新習慣的提示）。然而短短幾週後，他卻在回診時告訴我，他不想再做這些活動。他感到洩氣、很想放棄，因為

這些活動根本沒有像預期中那樣漸入佳境,反而感到日益困難。他認為,這意味著自己的一切努力都是徒勞無功。看到扎克的處境,是否讓你感覺有些似曾相識?

剛開始養成新習慣時,你可能會像扎克一樣,最初幾次慢跑就跑得比自己想像中更遠,只練習過幾次就在網球場上擊敗對手,輕輕鬆鬆就學會五個西班牙語生字,毫不費力就寫出一千字小說。然而經過一段時間後,你可能會發現自己進入看不到任何進展的停滯期,慢跑時跑不太動,發球總是越不過網,西班牙語生字轉頭就忘,寫出來的草稿顯得混亂不堪、毫無文采。

事實上,正如詹姆斯・克利爾(James Clear)在《原子習慣》(*Atomic Habits*)中的精采闡釋,在學習過程中自然會遇到所謂的「失望之谷」。許多你現在能輕鬆做到的事,以前也曾經完全不擅長。例如剛開始學習第二語言、第一次騎自行車,以及煮出以前連名字都說不出來的複雜菜餚。還記得你剛出生時,有段時間連走路都不會吧?那代表你曾經跌倒並重新站起來好幾千次(平均來說,十二至十九個月大的孩子每小時走二千三百六十八步,並且會在這個小時裡跌倒十七次)。**10**身為一名幼兒,我們就像前面提過的實驗鼠,僅僅透過一次又一次的嘗試,就能成功打敗強壯的實驗鼠,擠到離燈泡最近的溫暖位置。

身為一個成年人,你能想像每小時失敗十七次,卻還能繼續堅持下去嗎?這聽起來很恐怖,但我們犯錯次數愈多,就能

學得愈快，因為錯誤會吸引大腦的注意力，並增加神經可塑性（也就是改變和創建新神經通路的準備狀態）。然而，這只會發生在我們不會一犯錯就陷入驚慌失措的前提下。還記得我說過，開始任何新任務或新習慣的最佳難度，是在重複練習時正確完成率為85%時？這意味著，即使當我們處於最佳學習狀態，還是有15%的犯錯空間。

不只扎克不喜歡這個說法，我第一次讀到相關文獻時同樣感到難以接受。很少人願意相信犯錯是必要的，但「台上一分鐘，台下十年功」這句話卻是千真萬確。

戴森真空吸塵器的發明者詹姆斯・戴森（James Dyson）經過十五年無人聞問的艱苦奮鬥，製作出五千一百二十七個原型，才終於「突然」嶄露頭角，創造出讓他名聲大噪的機器。桑德斯上校（Colonel Sanders）因創辦肯德基而聞名於世，他的炸雞食譜曾被拒絕過上千次，直到五十多歲，他才研發出能讓人吮指回味的特殊烹調秘方。如果你看過《侏羅紀公園》（Jurassic Park），你一定記得迅猛龍為找出園區圍欄弱點，即使不斷失敗依舊繼續嘗試的身影。幼年時期的你也是如此，今天才得以輕鬆完成那些看起來習以為常的事。現在的你，絕對有能力再次勇敢擁抱錯誤。

因此，下次當你想要養成一項新習慣時，不妨參考尼爾・艾歐（Nir Eyal）在《鉤癮效應：創造習慣新商機》（Hooked: How to Build Habit-Forming Products）的建議：「以成為業餘愛好者為目標！」[11]

追求立即成功會讓我們感到痛苦，因為沒有人能在每一項任務中永遠表現出色。業餘愛好者和專業人士的區別在於：在正常情況下，專業人士能夠確保最終結果盡可能符合自己的預期（例如網球選手揮拍後，總能讓球準確落在他們想要的位置，或是鋼琴家即使不看琴鍵，手指也能準確落在他們想要的音高）；相較之下，業餘愛好者必須不斷嘗試錯誤，透過一次又一次的練習，讓技巧逐漸臻於成熟。

在養成新習慣的過程裡，請將焦點放在從中獲得的學習與成長。請記得，真正有價值的部分並不只在於結果，你所感受到的體驗、所獲得的心得，全是非常寶貴的收穫。當你腦海中浮現「這實在太難了」、「我在這方面根本一點天分都沒有」的念頭時，請改以業餘愛好者的視角重新審視，例如：「會出現這樣的感覺，是因為我還在學習」、「這種情況是正常的，如果我能繼續堅持下去，情況一定會愈來愈好」、「每當我犯下一些小錯誤，就能提醒自己的大腦更加集中注意力，讓我能夠學得更快更好」。

請別誤會，我可不是在鼓勵你降低標準或追求平庸。事實剛好相反，幼兒學走路時不會只拿出五成力量，而是會不顧一切全力以赴，即使搖搖晃晃，甚至摔倒在地，也會把握任何機會，勇敢邁出下一步。他們絕不輕言放棄，始終努力尋求突破，這才是我們在養成新習慣時所應該抱持的態度。

❤️ 為舊習慣的再度出現做好計畫

在試圖養成新習慣的過程中，有可能遇到很難堅持下去的時刻，這時舊習慣有可能趁虛而入，讓你再次陷入過去習慣的行為模式。這時，就該先為舊習慣的再度出現做好計畫。

* **跟我重複一遍**：「重返舊習慣或暫時放棄新習慣並不代表失敗，它不過是習慣改變過程中常見且讓人感到不舒服的一部分。當這種情況發生時，我會原諒自己。一旦情況好轉，我就會立即重新開始養成新習慣。」

* **當舊習慣再次出現時，你該怎麼做？請翻到附錄的練習一，並將答案填入問題10**：假設你想養成專注的工作習慣，卻突然意識到自己不知不覺開始滑手機，這時你可以將「滑手機」視為提示，一旦發現提示出現，就把「手機移到視線之外，然後將注意力轉回手上工作」；你也可以安排一個截然不同的替代行為，來滿足查看手機背後的需求，例如我現在將「滑手機」視為自己感到無聊的象徵，並把它當成「站起身活動身體，然後再回去處理手上工作」的提示。假設你意識到自己感到孤單或悲傷時，會不斷發簡訊給前任情人，你可以將「伸手拿起手機」當成「練習STOP技巧」的提示，因為這不僅可以幫助你重新掌控當下，還有助於辨別並安撫最初

促使你拿起手機的不良情緒狀態；此外，你也可以將其視為「發簡訊給能夠滿足你需求的朋友」的提示。無論你選擇什麼，每當你發現自己陷入以往的壞習慣時，請記得重複這個動作。時間一久，新習慣將與舊提示連結起來，最終隨著新習慣成型，舊習慣便會逐漸消失。

* **以「想像失敗」取代「想像成功」**：開始一項新活動時，正面積極的想像可以激勵我們投入其中；然而，不斷想像自己的成功卻會引發放鬆反應，從而耗盡我們的動力。[12] 當你想像失敗時，你的大腦可能會感覺潛在威脅即將到來而提高警覺；恐懼或失望的刺激，還可能激勵你展開行動。此外，想像失敗還能讓你有機會先在心理上克服自己預想的任何失敗場景。但請務必注意，想像失敗並不等同於自我折磨。當你感到焦慮或裹足不前時，請想像正面、光明的成功畫面；當你需要鞭策時，請想像負面、消極的失敗場景。千萬別弄反了，懲罰自己只會讓你更裹足不前。我們需要重新找到平衡點，告訴自己：「再試一次！」

* **想想那隻擠到燈泡旁的實驗鼠吧！** 撰寫本書的過程中，我新養成的寫作習慣有好幾次都瀕臨失敗。寫書要花很長一段時間，想到有可能最後寫出無聊又沒人想看的內容，就讓我感到鬱悶。然而，每當我想起那隻實驗鼠，一次次不斷努力往前擠著，只為抵達溫暖的燈泡旁，我

便相信只要重複「坐下寫作」足夠多次，這本書終究會在某天完成。你看！證據不是已經在你手裡了嗎？

✦ ─ ✦ ─ ✦ ─ ✦ ─ ✦ ─ ✦ ─ ✦ ─ ✦ ─ ✦ ─ ✦ ─ ✦ ─ ✦ ─ ✦

Tips

養成新習慣的過程中，有時會面臨感覺無法繼續下去的停滯期。這時，可以暫時停下來，以達成平均水準為目標，制定一個應對停滯時期的計畫。

讓改變得以持續

很少人猜得到改變的最後一個障礙是什麼。有時候，我們之所以無法改變，單純是因為我們根本不想改變。在我的職業生涯中，這類例子可謂屢見不鮮：參加戒酒課程，卻從來沒有認真投入其中；接受憤怒管理治療，卻從未將醫師擬定的策略付諸實現；聲稱想要忠於配偶，卻每天在交友軟體上與人曖昧聊天，上述這些人可能都沒意識到，自己尚未找到強烈的動機去尋求改變。人們若是處在所謂行為改變階段的「懵懂期」或「沉思期」，往往便會停留在這種狀態。

二十世紀七〇年代，由詹姆斯・普羅查斯卡（James Prochaska）和卡羅・迪克萊門特（Carlo DiClemente）提出的行為改變跨理論模式（transtheoretical model，簡稱TTM）共包括七個階段，但就我們的目的而言，只需要先關注前面兩個階段：

1. 懵懂期

在這個階段，改變行為的壞處清單遠遠多過於好處。當事人可能會告訴你：「戒除這個行為將會影響我的社交生活，使我變得無趣、花費太多時間、給我很大壓力……無論如何，這個改變都不值得。說真的，即使我天天這樣做，又能有多糟糕呢？」尤其當改變行為的壓力是來自他人，更容易使我們產生防衛心態，如果這正是你的寫照，那麼就得意識到自己正處於這個階段。事實上，除非能夠真正看見自己的問題，否則我們會一直停留在這個階段。當我們告訴身邊的人，他們一直在重複一些可能對自己有害的行為，但他們卻不認同時，他們也可能處於這個階段。

2. 沉思期

在這個階段，我們已經意識到自己的行為問題，並打算採取行動阻止。我們處於有點猶豫不決的狀態，畢竟前方的路看起來是如此艱難，不過，我們還是打算在六個月內做出改變。我們往往會在這個階段停留一段時間，直到某個關鍵資訊出

現，促使我們跨越障礙、繼續前進。

如果你認為自己正處於以上兩個階段中的任何一個，請記住：你可以選擇自己的行為。請務必仔細觀察壞習慣帶給你的實際負面影響，而不是輕信別人告訴你這種行為「不好」。將之前介紹的正念察覺融入你的日常練習，並認真觀察你的行為會如何影響你的生活、健康和人際關係。這些練習或許無法立即解決你的問題，但會幫助你正式踏上改變之路。

接下來，請想想如果你能成功改變習慣，你將成為怎樣的人？你理想中的生活和現在的生活有何差異？找出可能會阻止你採取積極行動的障礙，並試著找出解決辦法。當腦海中浮現「這怎麼可能辦得到」之類的念頭時，請回想你過去嘗試挑戰的困難任務，並在最終獲得成功的案例。請以你想打造的新行為為核心，創造一張「我將會……」的願景清單，想像自己成功戰勝慣性行為，並在一年後過著你理想中的生活。

接下來，你就可以逐步跨越之後的五個階段：「**準備期**」（確認需要消除哪些提示和障礙，以及需要引進哪些支援）；「**行動期**」（完成任務並給自己獎勵）；「**維持期**」（專注於重複新習慣，以及你努力的成果）；「**復發期**」（舊習慣難免會在某些時刻再次出現，這是正常的現象）；「**終止期**」（當維持舊習慣的渴望終於消失時）。

「終止期」聽起來就像在做夢一樣，不是嗎？我並不想打擊你的士氣，但對我們許多人來說，終止期只是個夢想，因為大多數人通常會一直困在維持期階段。為什麼？因為生活中發

生的事情，很容易就會將我們推回那條老路上（相信我，在這方面我經驗豐富）。不過別擔心，因為每次我們走回那條新的小徑，就能增強自己確實能選擇嶄新生活方式的信念。畢竟，習慣的養成，本來就是透過一次又一次反覆做同樣的事情而來。

了解習慣的運作方式，有助於了解你自己及周遭他人的行為。如果你發現有人一再重複你認為他們需要改變的行為，本章的所有內容同樣適用於他們。利用這些知識來理解他們為什麼會做他們正在做的事，以及你為何能清楚看見他們需要改變，但他們自己卻渾然不覺。

請記住，你也可以向他們分享你的觀點與經驗，但改變與否必須由他們自己決定。你可以引導他們思考，問他們是否同意你的觀察，同時詢問他們過去是否曾做過哪些令自己感到自豪的改變。如果他們願意，你可以協助他們找出環境中會引發舊習慣的提示，並且一起設法消除。

當然，你也可以將這本書推薦給他們，幫助他們思考這些新學到的資訊，並讓他們自己決定，準備邁向擺脫困境之路。

第二章

捷思偏誤

Heuristics

一　九六一年，約翰・甘迺迪總統（John F. Kennedy）同意讓中央情報局招募的一千四百名古巴流亡人士入侵古巴豬玀灣，企圖推翻菲德爾・卡斯楚（Fidel Castro）政權。所有計畫參與者都相信已經勝券在握，沒想到古巴空軍和兩萬名士兵早就做好準備，等著給入侵者迎頭痛擊。這次行動以災難性的失敗告終，入侵部隊全數遭到俘虜或殲滅，史稱「豬玀灣事件」（Bay of Pigs Invasion）。

　　這個事件為何會付出如此慘痛的代價？美國後續進行的一系列調查，迫使所有人（尤其是設計入侵計畫的戰略專家）檢視自己為何會忽視如今看來如此明顯的風險。最後得到的結論是：在計畫階段中，所有人都下定決心非成功不可，以至於當計畫提出時，完全沒有人提出質疑，連潛在風險也一併遭到忽略。這項計畫是由前美國總統德懷特・艾森豪（Dwight D. Eisenhower）和中央情報局制定，甘迺迪上任後接手執行並正式批准。前後兩任總統都沒有提出任何質疑，即使持保留意見者也始終保持沉默。

　　心理學家歐文・詹尼斯（Irving Janis）分析這場災難後表示，當時所有人很可能經歷所謂的「**團體迷思**」（groupthink），意指人們傾向於同意最被廣泛接納的觀點，透過群體的眼睛看世界，因而忽視與團體信念相悖的觀點和數據。

　　為了從錯誤中記取教訓，甘迺迪決定讓他的弟弟，時任司法部長羅伯特・甘迺迪（Robert Kennedy）在決策會議上扮演「魔鬼代言人」（devil's advocate）。這個角色的職責不是故意

挑釁或製造對立，而是要確保「團體迷思」不會再度主導局面。過程中，他必須持續提出不同觀點、拖慢決策過程，確保最終決策是基於理性分析，而非一群人的亢奮情緒。此外，這也有助於解決團體中的權力動態問題，畢竟即使不存在團體迷思，我也很難開口質疑總統和滿屋子比我更了解情況的人。換做是你，你有那樣的勇氣嗎？

儘管你和我不太需要做出涉及數千條人命的決定，但所有人都該認真看待這段歷史帶給我們的教訓。為什麼？因為卡住人生的**第二個常見原因，就是我們經常無法做出符合自己最大利益的決定**。這不是因為我們很蠢，也不是因為缺乏資訊或具有真知灼見的人（豬玀灣事件就是最好證明），而是因為我們的決策受到**捷思法**（heuristics）及其他認知偏誤的影響（將在本章後文中進一步討論）。這些偏誤就像團體迷思那樣，可能導致我們選擇某個行動方針，卻完全不去質疑這樣的決定是否正確。

本章將幫助你辨認那些會影響你看待世界和做決定的捷思法及認知偏誤，並向你展示何時何地需要採取額外措施（就像甘迺迪安排的「魔鬼代言人」），以確保你能夠清晰思考，做出讓你一生永不後悔的重要選擇。

什麼是捷思法？

大多數人相信自己是依據邏輯來做決定，是根據事實和資

料來選擇該做什麼、買什麼，以及相信什麼。然而，正如到目前為止你所看見的，情況並非總是如此。面臨困難問題時，我們並不總是做出有意識的決定，而是經常走捷徑。這種稱為「捷思法」的思考捷徑能大幅減少我們的腦力活動，將難題直接簡化，使我們偏向於採信特定答案。

根據許多研究成果，捷思法及其衍生出的認知偏誤目前已經超過一百種，有些你可能早已耳熟能詳，例如：「沉沒成本偏誤」（sunk-cost fallacy）、「團體迷思」、「光環效應」（halo effect）到「社會認同」（social proof），莫不影響著我們所做的每一個決定（本章會詳細探討上述認知偏誤）。經驗法則通常能幫助我們做出準確判斷，但它們提供的是一種理想的猜測，而非絕對完美的答案，所以並非萬無一失。

如果你需要一些證據來證明捷思法和認知偏誤確實在生活中占有一席之地，那麼不妨思考以下問題。你曾經多少次根據當下心情來做決定？例如有位朋友問你，週五想不想一起喝一杯，但你那天剛好過得很糟，所以直接回絕她的邀請，這就是「**情緒捷思**」（affect heuristic）造成的影響，也就是讓當下情緒來引導你對所處情境做出判斷的傾向。

再舉一個例子。你是否遇過一個你覺得頗有吸引力的人，在你對他還一無所知時，就自動給他很好的評價；或許你還做過正好相反的事，你遇到一個人，他的特質剛好符合某個你聽過的刻板印象，所以即使他還沒做自我介紹，你就覺得自己已經知道他是怎樣的人。

坦白說，大部分的人都不太願意承認自己是如此輕率的做出判斷，但我們都清楚，我們的判斷難免會不準確且充滿偏見。這是因為「光環效應」，也就是根據少量資訊，對某人或某事直接做出判斷的傾向。眼前的人似乎被某種特質光環（無論是正面的或負面的）所籠罩，使得我們一不小心以偏概全的形成某種看法。

你還是不太確定捷思法和認知偏誤是否真的會影響你做決定？好吧！請捫心自問，你曾經多少次選擇即時行樂，而不是去做對自己未來最有幫助的選項？例如選擇去吃頓奢華晚餐，而不是將這筆錢存入你的退休基金；選擇預借現金來買東西，而不是等存夠錢再買。上述這些情況之所以常見，全是因為「雙曲貼現」（hyperbolic discounting），也就是即使知道等待可以換取更可觀的回報，卻傾向選擇獲得眼前較小的立即性獎勵。

難怪那麼多人都覺得自己的人生卡住了。我們傾向根據自己的心情（就大多數英國人而言，心情就像天氣一樣善變）做出選擇；傾向根據極其有限的資訊，對生活中的他人、環境、事物做出倉促的判斷；傾向獲得當下滿足，而忽略考慮長遠將來。更重要的是，捷思法出現的速度不僅很快，有時甚至讓我們根本沒有意識到它們的存在。

捷思法和認知偏誤會阻止我們真正弄清楚自己想要的是什麼、相信的是什麼，以及應該選擇的是什麼。雖然如此，情況並非全然悲觀，因為它們的存在其實具有相當充分的理由。

為什麼會有捷思法

即使人們在研究「人類為何會使用捷思法做決策」的領域已有數十年，但爭論卻始終存在。一些研究人員，尤其是行為經濟學和捷思法研究的開創者丹尼爾·康納曼（Daniel Kahneman）和阿莫斯·特沃斯基（Amos Tversky）認為，捷思法之所以存在，是因為人類的認知能力有限，因此經常會用最佳猜測，來節省做出困難決策所需要的時間。用他們的話來說，捷思法使我們變得「可預期的非理性」（predictably irrational）。

德國心理學家捷爾德·蓋格瑞澤（Gerd Gigerenzer）則認為，捷思法能提供有用的經驗法則，讓人們在大多數時候及時找出最佳答案。例如在面對生死一線時，醫療專業人員和其他救災專業人士會大量運用捷思法，迅速做出應對判斷。

在嬰兒剛出生時，醫護人員不會立刻用複雜儀器進行檢測，而是以「他哭了嗎？」這樣的單一問題來評估嬰兒的健康狀況，如果觀察到嬰兒啼哭，則往往代表健康情況沒有大礙。同樣的，評估中風患者是否需要緊急送醫的有效方法，通常是以「FAST」口訣：臉部（Face）能微笑嗎？能舉起雙臂（Arms）嗎？能清楚說話（Speech）嗎？如果出現臉部表情不對稱、單側手臂無力下垂或說話口齒不清徵狀，就要記下發病時間（Time）並立即就醫。

此外，捷思法可能是人類在漫長的演化過程中，得以持續

繁衍的重要關鍵之一。例如：

「**情緒捷思**」（以你的情緒來判定你的處境）讓我們的祖先根據直覺本能行事，在警覺危險情境時立即做出反應上，發揮重要的作用。

「**雙曲貼現**」（選擇立即獲利而非長期收穫）讓我們的祖先能夠抓住眼前機會。如果你看見可以做為今天晚餐的莓果或小鹿，你會選擇立即出手採集和捕捉，而不是等待莓果長成果樹，或是小鹿長成大鹿，因為到那時，你可能已經不在這個世界上。如果你在當下無法讓自己活下去，考慮未來又有什麼意義？

「**團體迷思**」（被其他人的想法牽著走）能夠促進部落內部的社會連結，幫助他們迅速產生大家共同認可的解決方案。有些解決方案可能很出色，有些則可能是豬玀灣事件等級的災難，但隨著任務變得愈來愈複雜，群體即使受到團體迷思的影響，表現往往依舊優於具備專業知識的個體。[1]

甚至連「**光環效應**」也有派上用場的時候。你知道專家認為人類能夠超越其他古代人種繁衍至今的關鍵，在於能夠與「圈內陌生人」（in-group strangers，也就是與自身具有相似特質的陌生人）建立友誼及合作關係嗎？[2] 光環效應能幫助我們快速辨識可能與我們具有共同特質的人，讓我們進一步和這些人交往。

不管你認為捷思法是否符合理性，無可否認的是，在環境相對簡單的人類演化過程中，這些思考系統能夠運作良好，它

們在高風險或時間有限情況下，也能表現優異。然而在現代社會中，我們面臨的危險性比遠古時代低很多，但問題的複雜程度卻明顯大幅增加。我們已經不需要像祖先那樣，為了保全性命，憑藉本能做出決定；我們也不想根據單一線索，就對別人做出倉促的判斷。因此，我們需要學著辨別及操控捷思法，使其為我們所用。

Tips

- 我們天生就會運用經驗法則來做決定，但它只能在當下提供最理想的猜測，而非絕對完美的答案，因而容易讓我們陷入困境。

- 許多人認為，想要改變目前的生活，只需要把焦點放在日常行為即可。然而，人類可能遠比我們想得還要複雜許多，「壞習慣」並不單純存在於日常生活的行為模式裡，還可能發生在大腦主觀意識之中。

「我最近失去一位親密摯友。自從她離世後，我比從前更加體認到生命的短暫，但我不知道該如何善用在這星球上的剩餘時間。我曾考慮離開鄉下搬去都市，卻又懷疑這個決定是否正確？雖然我的朋友們都這麼做，但它真的適合我嗎？我在網路上關注那些擁有令人讚嘆旅程的廚師，還有分享美麗海灘照片、追求幸福夢想的室內設計師。如果我辭去工作開始旅行，真的就能擺脫我那卡住的人生？我不是想盲目跟風，但我想試著改變些什麼。我的困擾不只是不知道下一步該做什麼，還發現我一直很少為自己做出選擇並堅持下去。人們總說『抓住現在』，可是如果我連自己想要什麼都不確定，就根本無法抓住任何東西，不是嗎？我該怎麼辦？」

—— 我的個案艾莉西亞

　　五十二歲的艾莉西亞在摯友離世後開始接受治療。這位朋友就像是她的姐妹，或者該說是柏拉圖式的人生伴侶。她們可以整天無話不談、聊個沒完，也可以只是靜靜待在一起，什麼也不說；她們對各種熱門事件瞭若指掌、通曉各種潮流新知，但也會像孩子般彼此嬉鬧。朋友離世那天，艾莉西亞的世界彷

彿瞬間崩解。

透過討論艾莉西亞的失落和悲傷，最終得出的結論是，她需要找到一種方式憑弔逝去的美好，同時也要找到一種方式讓自己好好活下去。我們談了她的朋友、她們相處的時光，有時艾莉西亞會因為極度痛苦而陷入靜默。過程中，我們也嘗試了解艾莉西亞，知道她喜歡什麼、不喜歡什麼，以及她現在是什麼樣的人、以前是什麼樣的人，和以後想成為什麼樣的人。

當我們第一次試著討論未來的生活時，她沒講幾句就會停下來。她說討論這些感覺很膚淺，一方面和摯友的離世相比，這些事情根本微不足道；另一方面，當她聽到自己大聲說出未來的夢想、談起自己關注 Instagram 上的貼文和海灘照片時，她覺得自己簡直「蠢極了」，就像過去她和好友在公車上一起嘲笑的那些人。說到這裡，她微笑著陷入回憶之中，然後突然聳了聳肩說：「也許我們太喜歡對別人品頭論足了。」

和許多人一樣，艾莉西亞認為花時間去夢想未來，不是「正經人」該做的事。我經常遇到抱持這種想法的人，而且他們認為樂觀與愚蠢行徑總是相伴而生。然而對你的人生而言，花點時間想想未來並非沒有意義；相反的，它很重要，就像擁有希望一樣重要。如你所知，導致人生卡住的原因之一，就是我們經常忘記在必要時停下腳步，問自己：「我現在在做什麼？」以及「我接下來要做什麼？」艾莉西亞花了一段時間才相信這一點，等悲傷逐漸消退後，她開始考慮未來，下定決心過上能讓已故摯友感到驕傲的生活。她告訴我，下週診療時會

帶著計畫前來，可是到了下回碰面時，她卻說自己又卡住了。

在此之前，艾莉西亞一直是根據摯友的建議，做出她大部分的人生選擇。而今，她必須自己做決定，這讓她感到不知所措。就像我遇過的很多人一樣，她感覺自己的人生卡住了，頓時失去方向。她知道自己必須在生活中做出改變，但該改變的究竟是什麼呢？

艾莉西亞不像甘迺迪總統有一屋子世界級專家可諮詢，但她意識到團體迷思的影響，並決心擺脫它的控制。於是她超越原本的交友圈，將目光遠遠投向社交媒體及新聞報導上的名人，想從他們身上找到一些意想不到的未來選項。不幸的是，她看得愈多，就愈覺得無所適從。

你還記得當自己猶疑不決、不知如何下決定才好的時刻嗎？那可能只是一件小事（例如選擇哪一種興趣或報名哪一個運動課程），也可能是一個足以改變人生的大事（例如決定是否離婚或辭職）。你是否注意到，即使你想根據自己的意見做出決定，最終卻很難不受其他人的想法和行為所影響？如果你的回答是肯定的，這不僅和團體迷思有關，還受到「**社會認同**」偏誤的影響，也就是我們在任何情況下都會傾向觀察並模仿他人的行為。

如果這些行為是源自令人景仰或在社交媒體上擁有大量粉絲的人，那麼社會認同效應就會變得更加強大。還記得女演員兼商業大亨葛妮絲‧派特洛（Gwyneth Paltrow）公開建議用蒸汽清潔陰道嗎？結果導致一名女性二度灼傷並需要進行重

建手術。[3] 人們無視警告、無視派特洛不具健康醫療專業的事實，短短幾天，Instagram上就出現大量人們蹲坐在蒸汽上的照片。或者，你還記得唐納・川普（Donald Trump）在擔任美國總統時曾說，人們應該喝點漂白水來抑制新冠肺炎？在接下來的八天裡，漂白水中毒個案足足上升121%。[4] 人們做這些極其危險的行為，部分原因就出在社會認同，過於相信知名人士（無論背景資歷為何）說的話一定是對的，要不然怎麼會有這麼多人追隨他們。

艾莉西亞當時試著將目光投向原本的交友圈之外，卻反而掉入社會認同的陷阱，認為有地位者一定品格善良且判斷正確，所以我們應該傾聽他們的想法、模仿他們的行為，這就是艾莉西亞會對網路名人和貼文如此著迷的原因。或者，網路世界反映的不只是人們對於藍天或陽光的嚮往，只要看見知名人士帳號旁的「驗證藍勾勾」，就強烈暗示名人意見值得參考，心想：「如果她說這是我應該做的，那她一定是對的！」

目前，大約有二十八億人使用臉書，二十三億人使用YouTube，十八億人使用Instagram，其中許多人無論是否有資格提供建議，每天都在和公眾分享如何過上美好生活的重要祕訣：「結婚吧！研究顯示它會讓你更快樂」、「去他媽的婚姻！研究顯示多數夫妻可能以離婚收場」、「購屋！成為有房階級」、「住在廂型車，不要做社會告訴你應該做的事！」、「性感，健美，成為最完美的自己」、「你現在這樣就很好」。難怪艾莉西亞不確定自己想要的是什麼，我們確實生存在一個

決策能力受到前所未有挑戰的時代。

　　大多數人都想避免後悔。我們知道我們想過一種忠於自己的生活，我們知道我們不想盲目跟風，但我們卻沒有意識到人類生來就有從眾的傾向。除此之外，很少有人知道怎麼確定我們真正想要的是什麼。嗯，別擔心！這本書就是要幫助你解決人生困境。對於艾莉西亞和渴望擺脫卡住人生的人來說，要做的第一件事就是了解捷思法和認知偏誤是什麼、它們發生的原因和時機，以及如何在必要時避開它們。

Tips

如果任憑捷思法不受控制的運作，我們做決定時就會傾向於維持現狀、迎合群體、忽視牴觸自身信念的資訊。

「系統一」與「系統二」

　　康納曼和特沃斯基在提出捷思法概念的同時，還提出兩種思考系統，解釋我們該如何及何時使用捷思法。「系統一」，是當你重複舊習慣時使用的自動化、情緒化的古老系統。這個系統在你重複習慣動作時效果非凡，尤其是當你並沒有專注於正在做的事情時。你是否曾經過分關注自己的呼吸，結果開始

懷疑起自己的呼吸方法不正確，感覺好像吸不到足夠的氧氣？或者不自覺重複一個詞好多次，然後突然意識到：「等等，這似乎不大對。」

在「系統一」裡滿滿都是捷思法，當第六感在你的心頭浮現時，你一定在使用它。舉例來說，它會促使你趕快離開感覺不太對勁的酒吧，或是要消防隊分隊長立即讓小隊撤出建築物，因為你感覺馬上就要出事了！

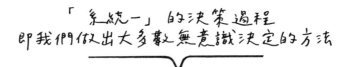

情況
（做出決定的時刻）

↓

捷思法
（以經驗法則或捷思偏誤主導我們的思緒）

↓

決定
（瞬間完成）

「系統二」則是當你處理較為複雜任務時，所使用緩慢、謹慎、涉及複雜計算的系統。例如，與朋友聚餐後計算每個人要分攤多少費用、晚餐人數臨時增加時計算要額外購買多少食

材，或是寫封信向同事解釋一件複雜的公事。在進行這類活動時，有意識和無意識的思考系統會不斷進行交互作用，例如，假設你是個習慣擔心的人，腦中可能會不停浮現自我批評：「天哪！這次面試我鐵定會搞砸的。」這時，「系統二」就會及時介入（希望如此）：「這不大可能發生，畢竟你之前都表現得很好。而且即使真的失敗，也不會是世界末日。」

當你放下本書，開始練習克服老是害你人生卡住的捷思法時，你需要啟動的是「系統二」，因為它將幫助你避免外在價值及認知偏誤對日常判斷的影響。

∴ 了解捷思法對你的影響

★ **想想至今你做過的重要決定，你是如何做決定的？** 例如：是否要和某人約會、是否要自行創業等等，並寫下你做決定的過程，例如：你有評估過成功機率嗎？還是全憑直覺行事？若是後者，你使用的是哪一種捷思法？例如：因為光環效應，讓你決定和某位外表出眾的帥哥美女共事，聽不進別人勸你三思的警告；受到團體迷思的影響（屈從一群膽小怕事的親友），放棄創辦一家你真心相信會成功的企業？你的決定事後證明是對的嗎？

✱ **運用「STOP」技巧（第30頁），在接下來的二十四小時，留意自己做出倉促判斷的時刻。** 請觀察你可能使用的捷思法和認知偏誤，例如有人問你：「面試進行得如何？」但你在情緒捷思的影響下，回答的內容卻變成「你在面試過程中感覺如何？」一旦發現自己出現倉促判斷或認知偏誤，請想想你在思考過程中可能遺漏了什麼。假設問題真的出在捷思法，請記住，情緒感受並不等同於事實，兩者必須區分開來，那麼你的回答可能會是：「我感覺面試進行得不大順利，因為我總是傾向認為自己的一切努力最終都會失敗。但現實是，我已經竭盡所能回答所有問題，不過其中有個問題實在太難，所以幾乎沒答到重點。」

Tips

- 正念覺察是啟動「系統二」的關鍵，它能幫助你放慢決定的速度，淡化會影響你判斷的情緒，並讓你意識到自己的思考可能受到何種捷思法的干擾。

- 人人都會使用捷思法。若能增進對它的認識，能幫助你了解自己和他人。

什麼時候該相信你的直覺？

「相信你的直覺」是個經常被我提出質疑的說法。沒錯，有時直覺可能是對的，但這句話顯然忽略決策的複雜性。對於患有焦慮症、強迫症或受過精神創傷的人來說，相信自己的直覺更是幾乎不可能，因為直覺可能會發出混亂的信號，即使身體其實很安全，心理卻覺得很危險。那麼，什麼時候可以相信你的直覺呢？在下列情況下，你通常可以憑直覺行事：

✓ 你沒有時間為想要解決的問題找出精準的答案。

✓ 你的決定會帶來怎樣的結果取決於運氣。

✓ 你無法取得可靠的統計數據來輔助你做決定。

✓ 你無法有效分析掌握在手中的統計數據（可能因為數量太大或太過複雜）。

✓ 你在做決定上擁有極為豐富的經驗。

至於其餘情況下，我們應該花時間做出更好的決定，針對眼前的問題，提出更多更好的解決方案，權衡每個選項的優缺點，然後從中選擇一個進行初步嘗試。如果它不可行，就從你的解決方案清單中選擇另一個備案。（在附錄的練習二中，有

為你準備一個規畫好的解決問題表格，請善加利用）。

　　為了真正提升我們做決定的能力，我們可以檢視適用於眼前問題的現有數據。然而這一點有些棘手，因為我們生活在一個人們並不信任統計數據的時代，因為它們不但常令人覺得困惑，有時甚至相互衝突；即使符合需求的數據真的存在，還有各種捷思法會阻礙我們找到和相信它們。

SOS！我卡住了！　　＼ **案 例 故 事** ／

> 「天哪！我該怎麼辦？我預計今天下午要去接種新冠肺炎疫苗，但我很惶恐。我曾經取消過接種預約三次，因為我相信一定會發生不好的事。我身邊大多數朋友都已經接種，他們似乎一點都不擔心；但每一次接近我預約接種的日期，心中的恐慌就會大幅攀升，我能想到的全是出事的風險……如果我接種疫苗，然後中風了，怎麼辦？說不定我就會這麼死去！啊！不行！我現在就要打電話去取消。」
>
> ——蘿絲

　　蘿絲在週三早上的諮商時間顯得非常慌亂，線上視訊一接通，她立刻跳了起來，手中的東西全掉到地上。她說自己的思慮和情緒，就像剛才掉落的東西般散落一地。我認識蘿絲一年

了，新冠肺炎封鎖開始時她正在國外旅行，由於錯過返國的最後航班，她成為報紙上要求政府為他們找到回家之路的人之一，然而不幸未能如願。最初幾個月，她的狀況還算不錯，然而隨著與深愛的親友分離時間愈長，她逐漸感受到巨大的心理壓力。於是，她開始接受治療，以應對全球疫情盛行期間隻身困在海外所承受的孤獨與痛苦。在她終於成功返家後，仍堅持繼續接受治療，因為她想解開一些令她感到困擾的關係模式。我們已經持續會面四十五週，這是她第一次提到對疫苗的恐懼及多次取消接種預約，這讓我有些驚訝。

蘿絲告訴我，在她取消第一次疫苗接種預約的九個月後，為了想要了解更多疫苗資訊，於是決定在一位知名網紅的Instagram 上，詢問關於疫苗安全性的問題，沒想到立刻遭到網友的圍攻，罵她是「反疫苗敗類」，並指責她：「世界上就是有妳這種人，才會出現如此嚴重的問題。」網友甚至追到她的個人頁面繼續言語覇凌。從此之後，蘿絲再也不敢向人們詢問有關疫苗的事情，也避免向任何人提起她的恐懼。因此直到第四次疫苗接種預約時，她才鼓起勇氣在諮商過程中向我提起這個問題。她知道我支持疫苗接種，深怕我會像其他人一樣斥責她。

我們分析蘿絲的恐懼，發現她並非反疫苗人士，沒有針頭恐懼症，也不存在已知的健康問題。那麼，她究竟為何會產生如此嚴重的恐慌呢？她的困擾源於「**可得性捷思**」（availability heuristic），也就是做決定時，根據的是最容易想到的訊息，而不是真正可靠的資訊。

新冠肺炎疫情的第一年，蘿絲所處國家的報紙紛紛將報導焦點放在施打疫苗造成的死亡人數，而非新冠肺炎造成的死亡人數。報紙是蘿絲每天唯一的資訊來源，而這些資訊全都在告訴她：疫苗比病毒更危險。讀到的內容愈讓她愈擔憂，她就愈容易接收到更多令她擔憂的資訊，進一步加深她的恐懼。你或許也有過類似的經驗，當你聽說有認識的人因腦部腫瘤而死亡，之後每次頭痛時都會擔心自己是不是也得了癌症，因為這是你腦海中最現成的頭痛相關資訊。你也許有意識到，擔憂程度愈高，你就愈難擺脫自己大腦有腫瘤的念頭；但你也可能已經意識到，隨著時間一久，擔憂程度自然會愈來愈低，你就很少會假設自己的頭痛是由腫瘤所引起。這就是可得性捷思的運作方式。

　　團體迷思在社交媒體上更是蔚為風行，蘿絲自然也受其影響。最糟糕的團體迷思會迫使抱持不同看法的人保持沉默，團體甚至對其施加懲罰，即使這些人並非真的「異議人士」，只是像蘿絲一樣想進一步了解某個議題。難怪蘿絲的人生會就此卡住，她需要的是有個地方和別人一起討論、理解資訊及同理自己的恐懼，可是得到的卻只有他人的霸凌。

　　其他捷思法也會影響我們對資訊的解讀。以我的朋友鮑伯為例，雖然他並不反對疫苗，但對是否該讓孩子接種疫苗有所疑慮。他跟大家聊天時說：「政府之前告訴我們，新冠肺炎對兒童健康的影響較小，現在卻又要我們帶孩子接種疫苗。我覺得這實在有點可疑。」這番「可疑」言論，讓他被其他人說成是陰謀論者。事實上，他只是受到「**錨定效應**」（anchoring effect）的影響，也就是根據錨定點（最初得到的資訊）做出決定的傾向，即使後續收到新資訊，往往依舊會堅持原本先入為主的認知。

蘿絲和鮑伯有一些疑惑或問題需要解答，但捷思法導致他們無視或無法信任自己得到的資訊。更糟糕的是，由於團體迷思的存在，每當他們試著提出問題來幫助自己做出明智判斷時，都會被其他人羞辱。一旦他們有機會理解捷思法和認知偏誤，仔細查看統計數據再與他人討論，就能更加客觀的權衡風險，帶著放鬆的心情去接種疫苗。

不只是有關健康的決策，捷思法每分每秒都在影響著我們，它們改變我們做決定的方式，讓我們根據最早或最常看到的資訊做出判斷。這實在是一個迫切的問題，因為此刻的我們就生活在一個充斥著片面資訊或未必符合事實的世界中，打開電視、瀏覽社群媒體、走進街角的販報亭，任何被強力推送的故事，都可能成為我們的錨定點。

行銷和廣告領域也會試圖用一些捷思法來影響我們。一九二九年，公共關係之父愛德華・伯內斯（Edward Bernays）花錢聘請一群「外表出眾」的女性，吸著象徵女權的「自由火炬」，參加紐約復活節週日大遊行，將傳統歸類為男性習慣的吸菸行為，成功推銷給女性。這些照片被刊登在世界各地的媒體上，卻完全沒有提及伯內斯和付出大量經費的菸草業者；換句話說，幾乎沒人意識到這是一場公關宣傳。在社會認同和光環效應下，女性同胞開始將吸菸視為「解放女性」的象徵，認

為那是一種時尚且新潮的行為。從此以後，這類行銷技巧一直為企業廣泛使用。

時至今日，你會在廣告中聽到能夠激發歡愉情緒的背景配樂，情緒捷思會讓我們覺得：「喔！這個牌子一定不錯。」或是在廣告中看到綠色的背景，光環效應就會讓我們落入「這是環保產品」的假象，完全沒有去查證這些印象是否屬實。你還會遇到一些刻意建立起「內團體」（in-group）和「外團體」（out-group）的公司，讓你在購買該品牌產品時，感覺自己比購買其他品牌的人優秀。如果你覺得這個概念不太好理解，不妨想想 iPhone 與 Android，或者 MacBook 與 PC 之間的形象差異，以及大家是如何透過品牌來定位自己。

儘管菸草公司已經無法像從前那樣銷售產品，但當年採用的方法至今依舊被廣泛使用。廣告商會讓他們的代言人看起來永遠年輕、富有、成功，使我們相信只要購買這個品牌，自己就能成為「更好」的人。接著，為了促使我們將購買產品的欲望付諸行動，他們會先訂一個較高（甚至是誇張）的價格做為錨定點，然後實際上以較低的價格出售，儘管新的價格可能遠遠超出原本預算，但我們依舊覺得十分划算。

為了確保你願意掏錢買下他們的產品，你所見到的每一則廣告都經過精心策畫。他們可能會反覆向你展示一個品牌，以便你在需要購買該類商品時就會先想到它。令人格外感到擔憂的是，他們還可能透過改變你看待世界和自己的方式，重塑你對好壞良窳的判斷，從而達成銷售目的。

所以，請務必保持警覺，並記得時不時主動設置錨定點。例如面試時，應徵者常會被要求提出期望的待遇金額，如果你一開始提出的金額較高，那麼最終得到較高薪水的機會就會較大；相反的，如果是由雇主提出某個較低金額，它就會成為錨定點，之後談判都將以此為基準進行。

　　可得性捷思和錨定效應支持許多其他的認知偏誤和行為。舉例來說，可得性捷思會導致光環效應，因為在判斷我們不認識的人時，首先依據的往往是刻板印象。至於錨定效應，則會導致以下兩種偏誤：

　　「**計畫偏誤**」（planning fallacy），也就是低估完成某件事所需時間的傾向。重點是，即使你之前已經做過，而且當初花費很長時間才做完，你依舊會犯這個錯誤。例如，你是否曾被給予一個月的時間完成一項專案，你心想：「我只需要幾天的時間就能完成，不必急著現在就開始做。」直到後來發現，花費的時間比預期還要長，任務突然間變得比你想像中還要困難，只好不得不要求延期？因為你原本的錨定點是：「只需要花幾天就能完成」。

　　「**聚光燈偏誤**」（spotlight fallacy），也就是高估別人對你的行為關注程度的傾向。這是因為我們以自身觀點為錨定點，無論過於正面（假設別人一定對我們的行為印象深刻時），還是過於負面（假設我們的每個行為都會受到嚴厲批評時）。然而實際上，大多數人的關注焦點都在自己身上，根本沒有餘裕去在乎你的行為！

尋找統計數據來引導決定

* **想一個你人生中做過的重要決定：**你當時是否有查閱統計數據或回顧過往經驗？如果你的答案是「有」，是否將它們視為做決定時的主要參考依據？

  例如，在你結婚前，有先查過現在的離婚率有多高嗎？在你開始吸煙時，有先了解相關癌症的發病率嗎？如果你的答案是「沒有」，你覺得自己為何會忽略這些數據？是因為你不知道有這些數據？還是根本沒想過要查閱？或是因為你當時心情很好，所以感覺風險並沒有那麼高（這也是一種情緒捷思）？

  或許，是因為可得性捷思告訴你這些活動沒有風險？就像一提起婚姻，你腦中就浮現一對老夫妻手牽著手，白頭偕老過一輩子的畫面；一講到吸菸，你馬上想到一個叼著香菸的一百零八歲人瑞，表示吸菸並不會讓人生病？如果你先深入了解相關數據，冷靜權衡後決定「我願意承擔相關風險」，會不會是更好的做法？這裡並沒有預設正確答案，但下回，或許你能仔細思考再做選擇。

* **想一個你至今仍難以決定的問題：**這個問題可能與接種疫苗、換工作、搬家或任何你還在猶豫的事有關。想想是否有任何統計數據或資訊能幫助你做決定？

做重要決定前，不妨搜尋具有參考價值
的統計數據和相關資訊，並思考自己可
能受到哪些捷思法的影響。

認知偏誤

你現在感覺如何？讀到各種捷思法和認知偏誤案例時，你是否發現自己過去一直深受它們的影響，卻從未意識到它們的存在？你的人生之所以會卡住，是否可能是受到他人意見和各種捷思偏誤的影響？或者，你覺得上述情況從來不曾發生在你身上？我之所以這樣問，是因為克服捷思法的主要障礙之一，就是沒有意識到捷思法對自己的深遠影響。關於這一點，我再清楚不過了，因為我就是這樣。

我一開始以為，我之所以輕易相信別人會落入這些陷阱、但我自己不會，一方面是因為我害怕承認自己的認知並不可靠（情緒捷思），另一方面則是因為我的工作是傾聽別人生活中遭遇的困難，設法幫他們尋求解決之道，這意味著我一直在檢視發生在別人身上的捷思法及認知偏誤，而不是我自己（可得性捷思）。事實證明，上述兩個假設其實都不成立，真正原因在於：還有更多能使我們對自身無知視而不見的捷思法（這應

該一點都不令人感到意外），例如「**確認偏誤**」（confirmation bias）和「**虛幻優越感捷思**」（illusory superiority heuristic）。

1. 確認偏誤：只關注能夠強化既有信念的證據

我們的生活中充斥著確認偏誤的例子。也許你只看那些偏袒你所支持的政黨、貶低你所反對的政黨的報導。也許和伴侶吵架後，你會只注意那些能夠證明對方沒把你的話聽進去的行為。也許你會將其他人的行為，解釋為證實你內心深層恐懼的證據（例如你覺得是因為自己不討喜、長得醜或太愚笨，所以他們才會這樣對待你），並將生活中遇到每一個人的每一種行為，都看成對這個信念的印證。

當然，我們的想法和感受未必全都出自偏誤。政客有時的確會做一些可怕的事、你的伴侶有時的確不夠體貼、我們有時的確會做出一些讓別人覺得很蠢的舉動，然而我們依舊必須格外小心，因為確認偏誤可能會讓我們錯失真實訊息，因而看不見真相。我們的人生卡住了，因為我們的大腦只會尋找能夠證實目前所信為真的訊息。

需要提防的不只是大腦，我們正面臨大量利用確認偏誤傾向而精心設計的資訊攻擊。演算法會記錄我們在手機查看的訊息，並主動向我們推送愈來愈多相近訊息，使得我們確認事實的機會變得愈來愈少。如此一來，虛假訊息便能以極快速度傳播。虛假訊息的來源，有可能源自一些看似無害的事情（例如受限於社交媒體的發文字數上限，文章精簡的過程中可能丟失

部分事實），也可能源自社群媒體疏於對於用戶發文內容進行事實查核，還有可能源自更加惡意的目的，例如有組織的虛假訊息宣傳。

二○一六年美國總統大選前夕，就出現過這麼一個可怕的例子，據報導，克里姆林宮贊助的網路研究機構共製作三千五百多支廣告，向特定社群媒體用戶發送毀謗候選人希拉蕊·柯林頓（Hillary Clinton）的虛假新聞，將選情導向有利川普陣營的方向。[5] 約有三百七十萬名用戶看過這些廣告，其中包括：向關注美國保守派媒體福斯新聞（Fox News）主持人的用戶推送反移民訊息，以及透過名為「美國穆斯林聯盟」的假帳號發送「停止伊斯蘭恐懼症，讓穆斯林不再恐懼」廣告，並以聯盟名義發布公開信，譴責希拉蕊不支持穆斯林。[6]

最重要的是，我們必須確認日常生活中的捷思法會在何處現身，並辨識社會上掌握龐大權力的團體會在何時利用並操縱這些捷思法，誘使我們深陷其中。當我們確信自己所信為真時，我們都可以成為自己的「魔鬼代言人」，並且從中受益。這也是為什麼我認識的許多人都會強調，每天至少要閱讀一篇與他們觀點完全相反的新聞報導。他們深切體認到，真相很可能就位於兩個極端立場之間的某個地方。那麼，為了走出舒適的確認偏誤泡泡，你會選擇做些什麼？

讀到這裡，如果你想的是：「我不一樣，我才不會受到那些偏誤的影響」，也許你是對的。嘗試過這些練習後，對於了解如何管理捷思法的人來說，確實比較不會陷入偏誤之中，這

也是我希望你在本章結束時能夠達到的目標。然而，你也可能像我一樣（沒錯！我正在自我揭露，好讓你知道如果你也是這樣，根本沒什麼好羞恥的），相信自己是不會受到捷思法影響的特例，但事實上，不過是受到另一種偏誤的蒙蔽。

2. 虛幻優越感捷思：人們高估自己能力的傾向

你知道有90%的駕駛人認為自己的駕車技術高於平均水準嗎？[7] 以及有81%的人認為自己的創業成功機率高於平均，即使在被告知半數新興企業都以破產收場後依舊如此？[8] 這些「統計上的不可能」，就是虛幻優越感的典型範例。

這可不是只會發生在別人身上的現象，而是每個人在某些時間點都很可能發生的事，所以我們必須保持警惕。我也曾和自己的虛幻優越感展開全面性對抗，從日常瑣事到專業領域全是戰場，不幸的是，它在各方面都對我造成沉重打擊。例如：我曾以為自己很有繪畫天分，然而在一次寫生課程中見識到真正藝術家的才華後，讓我明白擅長畫火柴人根本算不上藝術天賦；在我剛拿到神經科學碩士學位時，深信自己已經洞悉人類及其行為，但在心理健康服務中心遇到有生以來的第一位個案後，我才意識到人類心理問題遠比教科書上複雜很多，人們展現出的韌性更是常常令我感到驚嘆。

虛幻優越感並非源自我們的傲慢或自以為是（雖然上述場景多多少少沾到了邊），而通常是出現在人們尚未充分了解事實全貌的時候，好比我們沒有想過最好的駕駛技術到底有多

好、真正的藝術家繪畫技巧到底有多高超、人類心靈可以有多複雜、人類靈魂可以承受多艱苦的磨難。這意味著，一旦我們感到自己在某個領域有所成就，就會理所當然的假設自己的表現優於平均水準。

虛幻優越感能帶來樂觀情緒、提高在商業及生活領域中的冒險精神，相較於情緒低落、畏懼嘗試，虛幻優越感自然更具正面效益。不知道你是否曾注意到，如果自己在結交新朋友、參加面試，甚至只是早上出門時帶著微笑，感覺自己能夠實現今天計畫要做的所有事情，散發出的正向情緒也會感染其他人，令他們也用積極態度來回應你。當你微笑，他們也報以微笑，對你抱持正面評價、詢問是否能再見到你、給你一份工作，甚至在火車上讓座給你。然而，第二天你出門時心情沒有昨天那麼好，結果這一天似乎也隨著你的心情變得平淡無味。如果你曾有過這樣的感受，就不難理解人的心態，會對所處情境及最終結果帶來多麼大的影響。

請不要誤以為我們必須不惜一切代價避免虛幻優越感，在某些情況下，光是你對手頭上的任務更有信心，就能表現得更好。然而，過度自信可能導致風險行為的增加，例如覺得自己駕駛技術卓越而在公路上超速行駛，就可能帶來致命的傷害。研究顯示，自我感覺良好的人更有可能引發事故，並在生活中做出錯誤決定（例如在金錢方面），甚至成為該為戰爭[9]、股市泡沫破裂負責的罪魁禍首。[10]

對於自我感覺一直處於過度膨脹狀態的人來說，**另一個導**

致人生卡住的原因，是每當面對失敗或批評時，憤怒就會立即接掌一切。我的一個案在遭遇失敗或信念受到挑戰時，總認為對方是在對他人身攻擊。他沒有意識到，自己其實非常害怕缺陷被人發現、被人瞧不起，甚至他向世界展示的膨脹版自我，其實也不過是一種自我防衛。對他來說，學著辨別高估自己能力的時刻、接納自己是個會犯錯的普通人，是一件非常可怕的事，但這能讓他逐漸擺脫憤怒的掌控。時間一久，他會發現人們更喜歡那個謙虛版的自己，這個體認將幫助他在邁向不完美卻真實的自我之路上繼續前行。

另一方面，有些人受到虛幻優越感偏誤的影響會比一般人更嚴重，原因可能出於自尊低落和不善社交。關心自尊低落議題的人，可以在第三章讀到更多相關細節。

＊━━◆━━◆━━◆━━◆━━◆━━◆━━◆━━◆━━◆━━◆━━＊

☺ 理解他人

我們會在不知不覺中受到捷思法的影響，生活周遭遇到的其他人自然也不例外。因此，運用你對捷思法的知識去理解他人行為，嘗試解決眼前遇到的問題，也是一項相當重要的能力。

練習：在接下來二十四小時中，試著判斷你遇到的人可

能正在使用何種捷思法。

你發現有位朋友每次與你碰面時老是遲到，這是因為他完全沒把你的時間當一回事，還是「計畫偏誤」（見第91頁）導致他低估實際路程所需時間？你的伴侶抱怨你從來沒有分攤某項家務，這是因為你真的一直在偷懶擺爛，還是「確認偏誤」（見第94頁）導致他只記得你沒有分攤家務的時候？你的上司忽視一項對公司業務相當重要的最新研究，這是因為他的判斷能力有問題，還是「確認偏誤」導致他難以接受不符合自己原先提出觀點的資訊？

請留意你在進行這個練習時所感受到的一切。當你意識到他人行為可能是受到某些捷思法或認知偏誤的影響時，你對他們的行為看法是否會有所不同，腦海中是否自然浮現出如何解決眼前問題的新想法？

你是否會提醒朋友在準備出門時預估一下路程所需時間，而不是繼續抱怨朋友老愛遲到？你是否會想和伴侶好好聊聊，問他記不記得之前才因為你主動分攤家務而感到驚喜，而不是繼續質疑對方總是百般刁難？你是否開始想與上司分享什麼是確認偏誤，而不是繼續默默接受對方觀點、眼睜睜看著公司做出錯誤決策。

✦✦✦✦✦✦✦✦✦✦✦✦✦✦✦✦✦✦

- 想做出更好的決定,請接受「我可能會錯失某些資訊,我的堅持可能是錯的」的想法。經常自問:我可能沒注意到哪些資訊?我是否從單一來源蒐集訊息?我的判斷、感覺、決定是否證實我的舊信念,還是站在對立面挑戰我?我的想法是否經常受質疑?受質疑時我的感覺如何?朋友中有多少人和我抱持不同看法?我可能內化哪些認知偏誤?

- 在做出重大決定時,請想像你將來得向陪審團解釋你的行為和信念。雖然這不會改變你做決定時的情緒狀態,但會幫助你意識到自己的倉促判斷和想法中的漏洞。

- 請記住,每個人都會受捷思法的影響,了解這一點會幫助你了解自己和他人的行為。

你想要什麼？

還記得本章開頭提到的艾莉西亞嗎？在我們一起探索你剛才讀到的所有內容後，她帶著對捷思法的新知，興奮的離開診療室。然而下一次會面時，她卻很不開心。她向我抱怨說，雖然知道有某些認知偏誤會影響自己的判斷，這令她感覺好多了，也學會如何排除會分散注意力的因素，但我還是沒教她如何弄清楚自己到底想要什麼。她說的沒錯，**做出正確決定的第一步，是判定導致我們做出錯誤選擇的因素，第二步，則是要找出你生命中真正重視的信念。**為了回答這個問題，我們需要進一步探索自己在生命中真正重視的價值是什麼。

你關心什麼？你重視誰？你希望在他人眼中的自己是個怎樣的人？你是否曾經問過自己這些問題，或者你傾向於關注目標更勝於價值？如果你不確定我的意思，「目標」是指你可以在任務清單上勾選的行動（例如加薪、找到伴侶、買房子、參加馬拉松），而「價值」則是你一直以來所重視的特質（例如自由、同理、穩定、可靠、專業、健康）。目標確實很棒，能讓我們掌握努力的方向，然而達成目標帶來的快樂往往並不持久，在我們轉向下一個目標時就會被遺忘。相較而言，價值就像是北極星，為我們指明人生的方向。你之前確定過你想追尋的價值嗎？如果沒有，是時候這麼做了！

☺ 知道你在生命中真正想要的什麼

1. **依照重要性，對重要生活領域進行排序：**不要根據它們目前在你生活中所占比重排序，而是要考慮你真正在乎的是什麼，以及假設在理想的人生中，哪些領域對你而言更加重要（例如，目前事業占去你絕大多數時間，但當你考慮真正重視的事情時，排在最前面的可能是社區、家庭和健康）。

   ☐ 健康和身體強壯　　　　☐ 宗教
   ☐ 教育和個人成長或發展　☐ 友誼和社交生活
   ☐ 職業生涯　　　　　　　☐ 親密關係
   ☐ 消遣、休閒和娛樂時間　☐ 養育子女
   ☐ 社區參與　　　　　　　☐ 與家族成員的關係

2. **從最重要的生活領域開始，依序寫下各生活領域對你的價值為何：**例如，假設你很重視「職業生涯」，那麼它對你的價值可能是：能激發你的熱情、擁有承擔責任及獲得認可（效能感），並提供財務上的安全感。假設你很重視「消遣、休閒和娛樂時間」，因為你能嘗試接觸嶄新事物，那麼它對你的價值可能是創造力和自我超越。

3. **從最重要的生活領域開始，依序寫下你希望在各生活領**

域體驗到何種感受：你希望體驗的感受，同樣會反映出你重視的價值。例如在「親密關係」中，你重視的可能是與其他人的連結感，那麼你重視的價值可能是親密、樂趣、合作和支持。

4. **寫下當你離開人世後，希望別人記憶中的你是什麼樣子**：你希望別人記得你是個勤奮、可靠的人，還是富有同情心的人？將這些特質加到你的價值觀列表上。

5. **想像一下六個月、一年、五年和十年後的你是什麼樣子**：問問自己，你希望在未來每個人生階段上的自己擁有哪些特質？是健康、虔誠，還是勤勉？寫下想像中每個階段你該具有的價值觀和目標。

6. **檢視「目前生活方式」與「想追求的價值」之間是否存在差異**：寫下你需要做些什麼，才能確保日常生活與所追求價值保持一致，並選擇有助於引導你成為理想自己的活動和目標。有時，意外狀況會讓你無法實現既定目標（例如生病而無法參加馬拉松比賽），這時可以檢視相同價值下的其他目標，選擇另一項能夠滿足這些需求的活動（例如進行同樣能增進健康的其他活動）。

7. **回顧你在閱讀上一章時寫下的習慣養成清單，將你認為有助於過上有價值生活的習慣加在清單上，並刪除任何違背你價值觀的習慣**：將新習慣添加到附錄練習一的問

題6，並調整問題7至問題11，以計畫如何開始進行這些活動。不過請務必牢記，一次只專注於一個新習慣，或是選擇一個會影響你想要從事的所有活動的核心習慣，這樣才不會因為同時新增太多活動，而讓生活超過負荷。

8. **你現在已經知道自己重視的價值是什麼，但如果還不確定應該採取什麼行動，請使用附錄練習二的「解決你的問題」：** 你想解決的問題，取決於你下一步想要做什麼，例如：「在工作上，我接下來應該做什麼？」

✦━✦━✦━✦━✦━✦━✦━✦━✦━✦━✦━✦

最後的障礙

　　如今，你幾乎已經擁有排除認知謬誤和維持清晰思考所需的全部資訊。但在正式進入第三章前，讓我們稍微喘口氣，看看本章的最後一個案例。在我們目前所處的學習階段，這個故事或許能為我們帶來很大的啟發。

　　賈馬爾前來接受治療。他與深愛的男人已經交往很久，兩人即將開始同居生活。雖然對許多人來說，這聽起來像是美夢成真，但對他而言卻是一場惡夢。幾年前，賈馬爾曾患有憂鬱症，當時的伴侶說他「太難相處」而選擇離開。如今，賈馬爾

很擔心，如果新伴侶搬進來後也有同樣感覺，那該怎麼辦？為了解決這個問題，我們不僅要預防他的憂鬱症復發，還要幫助他學習如何分辨哪些想法是源自焦慮，哪些則是目前他真正需要解決的問題。

SOS！我卡住了！ ＼案例故事／

「我從事這份工作已經五年，這是一份可以創造新產品的工作。最初幾年確實感覺很棒，當時團隊小、自主性高、待遇也不錯，而且公司承諾會配發員工股權。然而隨著公司規模迅速擴大，我們愈來愈像機器上的齒輪，和客戶接觸的機會變少許多，承諾的股權也從未發下來。新主管對待每個人都很不好，尤其總是針對我。我的伴侶很早就發現我不開心。我大約每隔半年就會下定決心要辭職，但總是遇到一些突發因素，導致沒能離開。起初伴侶對公司很不滿，因為他知道我有多努力，但現在令他不滿的對象似乎變成我，因為我始終沒能下定決心離開公司。我該怎麼辦？我確定自己很想離開，也很清楚接下來想做什麼，但就是無法跨出這一步。」

—— 賈馬爾，二十九歲

前面引文中賈馬爾提到的內容，只是他擔心可能觸發自身恐懼的眾多事物之一。他之所以先告訴我這個擔憂，是因為他的伴侶一直鼓勵他來找我談談，這讓他開始擔心，伴侶是否想證明他的精神有問題，藉此名正言順的離開他。於是按照慣例，我請他回去蒐集支持和反對這個想法的證據。回家後，賈馬爾鼓起勇氣詢問他的伴侶：「你是否生氣到想和我分手？」他的伴侶說自己根本沒那樣想過，不過確實感到有點沮喪，因為他無法理解賈馬爾為何遲遲不肯踏出早該踏出的那一步。

賈馬爾的情況其實並不罕見。他討厭現在的工作、明明可以做其他選擇，而且似乎真的想離開。那麼，他為什麼就是不辭職？他是否習慣逃避可能引發不舒服感受的想法或對話？還是因為缺乏自信，覺得這已經是自己所能找到最好的工作？他是否被工作折磨到身心俱疲，覺得自己沒有能力掌控眼前發生的事？我們的行為背後總有許多可能的原因，但在賈馬爾的案例中，問題出在另一種捷思法（沒錯！又是捷思法，本章主題就是這個，所以它們自然顯得無處不在）。

你曾經和對你不好的人交往嗎？你很清楚應該果斷離開，但你沒有這麼做，因為你們已經在一起十年了，你會想：「我們都已經相處那麼久，說不定未來有一天情況會好轉吧。」

你曾看過很難看的電影嗎？雖然你可以直接走出電影院，但你還是留在位子上，邊看邊抱怨這個片子有多麼浪費時間。如果你對此頗有共鳴，一定多少能夠了解賈馬爾的心情，以及我即將與你討論的最後幾個捷思法。

第一個捷思法是「沉沒成本偏誤」，也就是即使明知道在邏輯上並不合理，卻因為已經投入時間或金錢成本而繼續做某件事；而且當投入的時間或金錢愈多，就愈有可能堅持到底，即使看到很多「停止」的警告信號也不願停下。第二個捷思法是「現狀偏誤」（status quo bias），指的是在任何時候都想保持一切不變的傾向。

每當關鍵時刻來臨，賈馬爾總會發現自己變得踟躕不前。在生活發生重大變化之前猶豫再三是有道理的，在演化過程中，避免不確定性確實有助於物種得以倖存。但是賈馬爾和你、我並不處於那樣的時代，我們必須學習與不確定性共存。

為此，我們一同討論他離職的優缺點，並從引發他恐懼的情境，一路推演至最終的結果。例如，他很擔心「如果我辭職後卻發現這是個糟糕的決定，怎麼辦？」我們討論出的答案是：「至少我知道自己可以去找另一份工作。如果我在還沒找到下一份工作前就離職，至少銀行裡還有足夠的錢。如果我願意，甚至可以回到之前的公司工作。」

然後呢？如你所料，賈馬爾正式提出辭呈，並順利的找到新工作！

然後呢？……他不喜歡新工作！他懷念起原來的工作，尤其是他後來得知，和他發生衝突的主管不久後也離職了。他最大的恐懼「如果我辭職後卻發現這是個糟糕的決定，怎麼辦？」竟然成真，但我們已經為此做好計畫。當時我們不知道這個計畫能否奏效，不過他立即聯繫原來的公司，詢問是否有

職位空缺。六個月後，他回到之前那個職位，但這次他對自己想要什麼、不想要什麼，有了更清晰的認識。

如果你在想：「天哪！他原本就不該辭職的！」我的看法剛好與你相反。誰不希望當自己勇敢跨出關鍵一步，從此就順順利利。但如果真是如此，我們將可能錯過學到人生中最重要教訓的機會。

大多數人認為做決定非常困難，因為我們相信自己只有一次機會，所以必須做出完美的選擇。事實上，很少有決定是最終的選擇，嘗試新事物可以獲得的好處更是不勝枚舉。我們可以先選擇當下最適合我們的決定，嘗試看看，如果不成功就再嘗試其他選項，甚至可以重新回到最初的起點。人生就是一個學習的過程，如果我們做出讓自己覺得不理想的決定，這是十分正常的情況，不代表人生就此失敗。

我明白當你選擇離開一份工作、一個人或一個城市，無法保證還能重回行動之前的狀態，所以自然會保守的認為不應該輕易做出這些決定。然而為了做出更好的決定，我們必須明白：有時我們必須根據當下所能掌握的最佳資訊做出選擇，這個選擇未必能夠成功，但這真的沒有關係，我們一定可以找到其他出路。

此外，適度開放自己的心態，願意接收新資訊及統計數據，調整我們的想法，也能幫助我們做出更好的決定，尤其是當我們發現原本的想法已經不再適用時。要做到這點並不容易，研究顯示，相較於堅持原本的想法而導致不良結果，人們

更會因為改變想法後做出的「爛決定」而自責更久。[11] 這種人類與生俱來的特質，可能使我們成為更為糟糕的決策者。所以，請勇於接受新知、改變舊有想法，承擔你所跨出的這一步最終有可能不會成功的風險。

如果希望自己在臨終時沒有遺憾，實踐方式絕非不斷迴避做出艱難決定，而是勇敢面對決策時的不確定性，並持續因應未如預期的事態發展。說到這裡，似乎是結束本章的好時機，也是再度提起我們在第一章認識的「毛茸茸朋友」實驗鼠的好時機。經過不斷嘗試，最終成功踏上溫暖之地的實驗鼠，並非一開始就知道該如何行動，而是透過不斷嘗試錯誤，耐著性子做出一個又一個決定，直到找出正確的解決方案。相信你也辦得到！

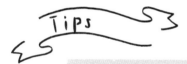

- 即使清楚自己看重的價值，做出符合目標的決定，你依舊可能無法踏出促成必要改變的那一步。

- 許多人擔心自己的決定不完美而裹足不前。事實上大多數決定都是可逆的，做出當下最佳的選擇即可。只要並非攸關生死，不需強求自己第一次就做出百分之百正確的選擇。

第三章

自我破壞

Self-Sabotage

「我強烈控訴著自身遭遇的不公與創傷，低頭卻看見自己一手握著仍在冒煙的槍，另一手則拿著滿滿的彈藥。」

—— 克雷格．D．朗斯布魯（Craig D. Lounsbrough）

二〇一二年十一月十五日，居住在德州的三十歲行銷經理蔣甲（Jia Jiang）展開一系列看似怪異的行為，時間長達一百天，並就此改變他的餘生。

蔣甲每天都向陌生人提出令人意想不到的要求。例如：他問當地的甜甜圈店長，能否幫忙現場製作如奧運五環那樣的甜甜圈（令他驚訝的是，他們真的做出來了）；他問達美樂，自己能不能幫他們送披薩（結果被拒絕了）；他問 Abercrombie & Fitch（簡稱 A&F），自己能不能當他們的模特兒（同樣被拒絕了，因為他「不夠強壯」）；他問西南航空（Southwest Airlines），自己能不能在所有人登機後，為所有旅客做起飛前的安全廣播（他再次被拒絕，因為身為乘客的他在安全廣播進行時，需要坐在位子上繫好安全帶。不過西南航空表示，他可以嘗試歡迎登機廣播）；他還詢問德州大學的教授，能不能幫他們代一堂課（令人驚訝的是，有一位傳播學教授還真的答應他的要求）。

蔣甲之所開始挑戰這一連串任務，是因為他在三十歲時，赫然發現自己人生目標達成率還不及一半。他一直渴望成為大企業家，而且自小就深信自己一定能夠實現，然而由於種種原因，他始終未能真正朝這個目標前進。在誠實面對自己後，他

意識到問題的癥結所在：他和許多人一樣，每當浮現一個新想法或得到一個朝目標大幅邁進的機會時，總是因為害怕失敗或被拒絕而裹足不前。現在，他需要做出改變。

他發現由加拿大企業家傑森‧康利（Jason Comely）創建的拒絕療法網站：rejectiontherapy.com。康利主張，我們可以通過一次又一次的被拒絕，讓自己減少對被拒絕的過度敏感。於是蔣甲開始親身測試這個理論，為自己訂下「公然被拒絕一百天」計畫，並從這項挑戰中學到三個重要的教訓：

1. 即使被拒絕，你依然可以活下去。

2. 有時你以為自己會被拒絕，但結果卻可能令你驚訝，例如對方可能會說：「喔，沒問題！我可以把你的甜甜圈做成奧林匹克五環標誌」，或是「要幫我代一堂課？當然，沒什麼不行的！」

3. 被拒絕時不妨問對方為什麼，有時會得到一些意想不到的答案。例如，蔣甲敲了敲一個陌生人的門，問對方是否能在他的花園裡種一朵花，但被拒絕了。當蔣甲問對方為什麼時，那人說他的狗一定會把花挖出來，並建議蔣甲去找住在對面的鄰居，那位女士可能會喜歡這個點子。蔣甲真的這麼做，而那位女士也果然張開雙臂歡迎他和他的花。

蔣甲的實驗非常成功，他從一個不肯冒險的退縮者，變成一個影片觀看次數超過九百萬次的TED主講人，還寫了一本名為《被拒絕的勇氣》（*Rejection Proof*）的暢銷書。好大的蛻變，不是嗎？

　　我並不是建議大家都像蔣甲那樣，進行一個讓自己宛如新生的實驗，但我們可以從他為自己設定的挑戰中汲取教訓，意識到使我們陷入困境的下一個因素：自我破壞（self-sabotage）。即使你已經知道該如何建立習慣，也知道如何克服認知偏誤，還是必須留意自我破壞為你帶來的影響。

我們為何自我破壞

　　在前兩章，我們知道如何辨識那些可能絆住你達成理想生活的壞習慣，也知道如何養成能使你更接近心中目標的好習慣，並做出能支持你堅持下去的決定。在第二章末尾我們還學到，有時我們會因為現狀偏誤和沉沒成本偏誤而不採取行動。然而，還有一些原因會讓我們在快要衝過終點線時，卻發現自己全身顫抖的停下腳步，而且在這些原因之中，大多數都與自我破壞有關。

　　自我破壞是指任何會阻礙我們實現目標、讓我們無法得到想要的生活方式的行為。它通常不是故意出現的，正如我們之前討論過的，同樣是一種為了避免大腦認為威脅過大而無法容忍，也就是當下的威脅感超過將來可能獲得的潛在回報時所做

出的選擇。以蔣甲來說，他想要美好的生活，卻又想要迴避被人拒絕的可能，於是拒絕一切可能為他帶來想要事物的機會，這就是他的自我破壞行為。

自我破壞的形式有很多種，原因更是五花八門。有時，我們會意識到自己正在進行自我破壞，有時我們根本完全意識不到。我在診所裡經常看到這類情況。當人們感到人生陷入困境而來接受治療，覺得自己彷彿寸步難行，完全無法掌控自己的生活，即使下定決心要做某件事、擁有某個東西、成為某種人，但不管自己再怎麼努力，永遠都不會成功。表面上來看，這樣的結果可能是出於偶然，但當我們對個案進行更深入的探索，就會發現，真實情況就像本章開頭引言中朗斯布魯所言，他手裡拿著的是還在冒煙的槍和彈藥；換句話說，他就是讓自己的計畫總是胎死腹中的人。

在這類個案中，有些人渴望擁有伴侶，但又害怕被拒絕；有些人則是往往沒有意識到自己老是和那些宣稱不想定下來的人交往，或者始終與交往對象保持距離，因而在不知不覺中破壞自己與人交往的機會（進一步來說，也是在保護自己不去承擔被拒絕的風險）。這樣的自我破壞其實是非常人性化的行為。

有些個案想嘗試創業或培養一項新嗜好，但是因為太害怕失敗，只敢在腦子裡空想：「只要我不去做，至少沒有人會說我失敗了。」他們不願意嘗試，因而親手破壞自己可能取得成功的機會。有些個案則是決心面對恐懼，願意嘗試去做自己想

做的事，卻沒有意識到自己會以其他方式進行自我破壞。例如，有人說他想找一份新工作，卻在一次重要面試前夕喝得酩酊大醉，破壞自己順利面試的機會。這種自我破壞的形式滿特別的，因為它可說是一箭三鵰：第一，酒精可以掩飾他內心的焦慮；第二，如果新工作被別人拿走，自己也有一個好藉口（「我宿醉了，所以才沒辦法拿到這份工作」）；第三，如果他們真的獲得這份工作，這會讓他們看起來更厲害（「太不可思議了！我宿醉得這麼厲害，還能得到這份工作；我一定比我以為的更棒」）。在研究文獻中，將這種自我破壞稱為「行為障礙」（behavioural handicapping），我們很快就會在後文討論這個概念。

我不只在診所裡觀察到人們具有自我破壞的傾向，事實上，它無處不在。我的一個好朋友桑德琳就是如此，當年她選擇在大學準備複習考的同時創辦新公司。現在回想起來，桑德琳發現大學的課業壓力讓她極度焦慮，內心的恐懼就像堆放在桌上的待學筆記一樣迅速積壓在她身上。因此，她讓自己變得異常忙碌，藉此逃避去面對自己的情緒和課業。直到考試來臨，嗯……你可以想像後來發生了什麼。現在，每當某件事的截止日期即將到來，桑德琳會先清空行程表，好讓自己沒有藉口。然而，她發現一個新的問題：每當她坐下來工作時，就會感到格外疲累。她會突然很想躺下休息，儘管幾分鐘前，當她在做自己喜歡的活動時還覺得幹勁十足。

當我們想要避免做某件事時，即使這種想法躲過我們意識

的偵查範圍，大腦卻似乎總有方法讓我們避開那件事。在桑德琳的例子裡，疲勞為她提供一個可信的藉口，讓她能順理成章的避免恐懼。幸好，她很了解自己的行為模式，所以沒有陷入那些感覺中，而能將疲勞視為壓力過大的信號，並透過將任務拆解為幾個小部分，用一次做一點的方式來解決問題。

　　想一想，導致你感覺人生卡住的處境，有沒有可能與你的自我破壞行為有關？你是否和我一樣，在必須交出書稿的週末開始粉刷房子？（還是只有我是這樣？！）讀完本章後，你將會找出自我破壞的原因和方式，這樣一來，你就可以移除那些妨礙你達成目標的絆腳石了。

Tips

> 有時，我們會因為想要實現某個人生目標，卻發現似乎永遠都達成不了，因而感到人生卡住了。其實我們並非無法實現目標，而是為了避免感受恐懼、痛苦、羞恥、不適，甚至是無聊等情緒，因而破壞自己獲得幸福或成功的機會。

毀了一切

我們會自我破壞，並不只是為了避免失敗可能帶來的恐懼，還是為了避開成功後帶來的害怕及痛苦情緒。我們都曾在報章媒體上看過某政客或名人因濫用藥物或被發現外遇後，破壞他們原本看似美好的家庭生活。雖然我們不清楚他們的行為動機為何，但是我大膽猜測，許多名人的自我破壞行為與恐懼和痛苦的感覺脫不了關係，例如：恐懼失敗和被拒絕、擔心自己變得無足輕重。有時，人們甚至會不惜一切代價，只為了避免承受孤獨的痛苦及其他傷害，而且在某些情況下，自我破壞又可能與權力和他們對自身角色的期望有關，關於這點，我們在第五章會進行更詳細的討論。值得注意的是，即使我們做出自我破壞行為，我們還是有克服它的辦法，自我破壞不一定能夠摧毀我們。

接下來，我要分享班恩的故事。班恩十四歲時就在我們的診所治療，所以我們團隊都很了解他。如果你認識班恩，你會知道他就是個有點尷尬的青少年，他似乎還不太適應自己突然發育抽高的模樣，好像隨時都顯得手足無措。班恩很體貼，他渴望取悅別人，很擅長找話題聊天，不時詢問大家需不需要幫忙泡茶（只要周圍沒有其他青少年）。對於不認識他的人來說，班恩讓人感覺防衛心很重，他的害羞舉止配上高個子，有時甚至會被人誤解成具有威脅性。然而，只要你願意花點時間和他自我介紹，就會發現這個喜歡咬著KitKats巧克力的一

端，再將另一端浸入茶裡當吸管的青少年，是多麼體貼又細心。這也是為何每次和可能的寄養家庭成員碰面時，班恩總是沒過多久就能和他們打成一片。

SOS！我卡住了！　　　　　　　　　＼ **案 例 故 事** ／

> 「我真的很想要有個家，但每次有人願意收留我時，結果總是不順利，然後我就會被送回育幼院。我一定有什麼問題。我曾擔心沒人會想要我，現在我知道那不只是恐懼，更是事實。我將永遠被困在這裡。」
>
> ——十四歲班恩的絕望心聲

> 「班恩有很多被寄養家庭收容的機會。事實上，他和寄養家庭剛開始都相處得很好，好到簡直讓我覺得像做夢一樣。就在每個人都逐漸以為『就是這家了！』的時候，狀況卻開始改變：他開始在家裡和人起口角；學校也因為他的行為異常，開始通知家長。這種狀況愈來愈多，直到他又被送回我們機構。每次的模式都一樣。我們真的無路可走了。」
>
> ——負責班恩案子的社工安妮

班恩前幾次寄養最後都以失敗告終，失敗的原因很多，例如：「這是他第一次和一個新家庭相處」、「彼此無法激發起化學反應」、「他和住在不同寄養家庭的親生手足離得太遠」等等。然而經過六次失敗的寄養經驗，問題已經明顯到不容忽視，現在，該是以不同角度去思考班恩究竟是怎麼了的時刻。

　　當我們在面對這世上最關心的事情時，巨大的壓力和焦慮就會源源不絕的產生。回想一下，你是否想要告訴某人你很關心他，但每次當你試著這麼做時，總會不由自主的心慌，你為了武裝自己內心的脆弱，最後反而對他說出輕率和冷漠的話？或是你曾渴望與和公司裡非常重要的人交談，但當你終於有機會和他展開對話時，卻連話都說得結結巴巴，甚至還發出不合時宜的笑聲，表現得完全不像是你。也許你想開創自己的事業，但發現你什麼都做不了，因為凡事要求完美所帶來的壓力，讓你每次坐下開始工作時，腦子便呈現一片空白。

　　班恩最想要的是什麼？當然是一個能接納他的家庭。當班恩一開始被領進新寄養家庭時，一切都很順利。他就是他自己。但是當他開始關心新家人，而家人們也明確表達出對他的感情後，他心中深層的恐懼便開始浮現：「萬一他們之後想要把我趕出去，怎麼辦？」這個猜測引發他的恐慌，讓他難以控制情緒，最終爆發成憤怒。但到目前為止，這種恐懼還不是班恩的自我破壞行為，只呈現出他的壓力過大。

　　緊接在憤怒之後的是羞恥，這讓班恩的恐慌程度更劇烈，行為也變得更古怪。當寄養家庭和學校在事後與班恩談論他的

行為時，他發現自己最擔心的事正慢慢變成現實：「看吧，果然每個人都認為我有問題，我又要被送回育幼院了。」於是，他不再嘗試改善任何事情，甚至自暴自棄開始自我破壞，做出那些顯然會為他帶來麻煩的行為。

為什麼班恩要這麼做？其實就像蔣甲一樣，班恩也害怕被拒絕的感覺，但他無法對眼前的機會說「不」，於是乾脆動手毀掉這個機會。被拒絕的恐懼讓他感覺一切就要失控，面對自己又要被拋棄更令他難以忍受，所以他決定用自己的方式主導一切：如果我盡可能表現得糟糕，很快就會迎來最終的結局。

班恩認為自己就是寄養失敗的最大問題，但這當然不是事實。兒時被人遺棄的經歷，讓他對於被拒絕產生強烈的恐懼，以至於每當事情進展順利時，他總是堅信一切很快就會崩塌。不幸的是，不斷加劇的脫軌行為反而將結局導向他堅信的方向，當結局終於發生的那一刻，他又只看到讓內心深處恐懼成真的證據（「沒有人想留在我身邊，最後一定沒有人會想要我」），完全忽視他才是結局的主導者。這樣的行為模式，正是自我破壞迴圈的典型範例（見第122頁圖示）。

自我破壞不僅可以消除內心強烈的不適感，還會創造出符合內心深層恐懼和固著信念的證據。例如，蔣甲當初認為自己已經三十歲了，在創業目標上卻毫無進展，所以認定自己是個失敗者。人們在面對自己所在意的事情時，往往陷入這樣的負面迴圈：害怕成為失敗者而裹足不前，最終又因毫無進展而證實自己的確是個失敗者。

自我破壞迴圈

深層的信念／故事
例如：「我不討人喜歡」、「我是個失敗者」

↓

觸發
想一件你想要做、需要做或想參與的事，它會觸發你深層的恐
懼信念，例如：出門約會或開始新的工作等

↓

感覺
例如：一種令你不舒服的感覺，它對著你大叫：
「不要做！你會無法承受／對你太危險」或「它一定會出錯」

↓

自我破壞
任何會讓你重返安全感和控制感的行為，
進行時通常不會意識到它背後真正的原因

↓

情況果然沒有改變，深層的信念／故事再次得到證實

還記得蔣甲用體驗「公然被拒絕一百天」，幫助自己克服
被拒絕的害怕嗎？在班恩截至目前為止的人生中，每一天都是
滿滿的拒絕，他真正需要的是他人的同理和支持，以及理解他
的心中感受和行為動機，同時學會如何以建設性的方式表達情
緒。他需要一個幫助他感到安全的家庭。更重要的是，他必須

知道什麼是自我破壞，以及它是如何讓自己陷入困境。一旦他感覺可以控制自己，就能積極面對恐懼，並知道自己擁有克服恐懼的能力。後來，班恩又有機會轉介到新的寄養家庭，他到這個家的第一天，就誠實告訴他的新家人，每當他害怕被遺棄時，行為就會出現變化。這次，他決定將自己的恐懼說出來，不再只是透過行為表達情緒。這真是改變他人生的一大步！

　　如果本章內容引起你的共鳴，請記得，因為自責而做出自我破壞無法解決問題，探究自己做出自我破壞的原因，學習如何應對自我破壞，才是真正解決問題的關鍵。

- 自我破壞是人們尋求安全感的一種方式。它能在短期內減輕痛苦，但從長遠來看，卻會一再證實我們的恐懼。

- 自我破壞讓人停滯不前，不只是因為它會阻止我們冒險，還會讓我們做出確保眼前機會無法實現的行動。

- 當我們願意承認發生在生活中無法再被忽視的模式，才會意識到自己的自我破壞行為。

⌣ 你是否因為自我破壞而陷入困境？

* **到目前為止，本章中是否有任何案例能引起你的共鳴？**
  你是不是有避開失敗的傾向？你習慣在別人面前貶低自己嗎？你會去測試你在乎的人嗎？當犯下不可避免的錯誤，你會嚴厲的責備自己，或是關注於可從中學到的教訓（畢竟，人人都可能犯錯）？當親密關係遇上瓶頸時，你是否會尋求婚外情，並且納悶為何你周圍的一切總是逐漸崩塌，並將此視為你在關係中失敗的證據？也許你買過類似的心理自助書籍，卻從未抽出時間好好練習，或是將狀態「沒有改變」視為「無法改變」的證據？

* **如果你曾做過自我破壞的行為，請思考所有可能導致你這麼做的原因。這樣的行為短期內可能為你帶來安全感，但從長遠來看卻會造成許多問題：**請不要害怕將自我破壞的原因全都列出來，你可能會從中發現那些因素的背後具有相同的理由（例如，如果你逃避參與一項新活動，是因為你害怕失敗？還是害怕受人批評？你是否會趕在別人開口前先自嘲，以避免受到他人的批評？你會試圖測試你在乎的人，是不是因為你擔心自己不被人喜歡，因此想確保對方也是真心在乎你的？）

* **請在接下來的二十四小時裡，留意你在自我破壞的時**

刻：像是當你又做起想要戒除的壞習慣時，或是當你注意到你的完美主義傾向，讓你想要退出某個你不確定自己能百分之百完成的活動，又或是當你想掌控全局，因此不肯將任務分派給能分擔你工作量的人時。

請記住，以上練習皆屬基礎的正念練習。正念覺察不僅有助於習慣養成和避免捷思偏誤，也是陪伴你克服自我破壞的好夥伴，因為它能幫助你對自己的行為模式保持好奇，從而選擇一條嶄新的前進道路。

✦━✦━✦━✦━✦━✦━✦━✦━✦━✦━✦━✦━✦

假裝是自我破壞

並非所有的行為模式都像自我破壞是基於尋求安全感，以下三種情況就經常被誤認為自我破壞。

1. 五大人格特質

某些人格特質會經由遺傳（透過DNA）而來，遺傳機率約在40%至60%之間。以五大人格特質來說，五種特質分別為：「親和性」（agreeableness，你在合作、信任、富有同情心和討人喜歡的程度）、「嚴謹性」（conscientiousness，你在勤奮、成就導向、可靠和有條理的程度）、「開放性」

（openness，你有多擅長交際、熱情、雄心勃勃和自信的程度）、「神經質」（neuroticism，你的焦慮和不穩定程度，以及你將如何應對），以及「外向性」（extraversion，你的想像力、開放性、不隨波逐流，以及具有好奇心的程度）。我們可以透過五大人格測驗（Big Five Personality Test）更加認識自己，這對於你的未來可能很有幫助。

來聊聊我的朋友梅奧瓦吧！他經常會對新朋友或新交往對象一頭熱，例如他會以視若珍寶的態度，談論他最近追求的對象，可是才不到幾週的時間，卻又把對方看做被誤認為珍珠的魚目。有天晚上，我們一群人聚在一起喝點小酒，其中一個朋友聊到，他每次進入一段新關係時，總會費盡力氣去呵護這段感情，可是一旦新鮮感消失，熱情也隨之灰飛煙滅。

梅奧瓦對這個問題極有興趣，於是我們趁機問他，我們觀察到他的交往模式究竟是一種巧合，或是一種固定習慣；是一種常見的自我破壞行為，或者是受到其他因素的影響（例如，是一種人格特質）。梅奧瓦說他曾做過五大人格測驗，結果顯示，他的「開放性」較高，「親和性」和「嚴謹性」較低，這意味著一旦新鮮感不再，他就會失去與人合作或進一步交流的動力。

我的朋友艾美對梅奧瓦的說法抱持懷疑態度，當場表示她也要做測驗。看她揚起眉毛的神情，充分說明她的目的其實是要向我們證明，這些測驗結果全是無稽之談。在等待她完成測驗的同時，我們又續了一杯酒。沒想到，測驗結果讓艾美很震

驚！因為那似乎可以解釋長期以來她對自己頗為好奇的事。

艾美向來是個致力於達成目標的工作者，然而，她很容易在專案期限前陷入困境（沒有任何徵兆的情況下），甚至頓時失去工作動力。她曾懷疑自己是否有拖延問題，或是一種自我破壞的表現，人格測驗結果卻為她的行為模式提出一種清晰的解釋：她的「嚴謹性」較低，而「親和性」較高，這意味著每當專案有其他人共同參與，或是專案成果可能影響他人時，她就顯得鬥志高昂；然而當她是單打獨鬥時，就會提前踩剎車，讓自己最終難以在截止日期達到目標。

不過，了解自己的人格特質並不意味著你就可以說：「好吧！反正我就是這樣，接不接受隨便你。」梅奧瓦當時就是這樣，一邊說一邊後靠著椅背，把腳擱在離他最近的椅子上，我們則對他大聲說道：「這樣不行！」了解人格特質的真正目的，在於幫助我們善用自己的優勢，獲得實現目標的機會。例如，如果你跟梅奧瓦一樣（「親和性」和「嚴謹性」較低，「開放性」較高），就可以運用你對經驗的開放性，增進自己與他人的親和行為；你可以善用你對求知的熱情，激勵自己研究正面且互惠的社交行為，探究它為何能取悅他人，以及你能從長期關係中得到哪些回報；或是向你的交往對象提議，一起去學習一項新事物。而如果你像艾美那樣，單打獨鬥就會失去動力，不妨善用你的高親和性，和一群你尊重且願意合作的人一起工作，確保自己集中注意力，維持充沛的動力。

2. 復刻童年學到的習慣

有時候，看似自我破壞的行為是從後天學習而來，是我們從小就養成的習慣。一個最明顯的例子是：當你看見父母借酒澆愁，那麼長大後的你當遇上挫折時，也可能會做出類似的行為。另一個例子則較少被人留意：如果你發現父母面對親近的家人時情緒經常陰晴不定，那麼長大後的你一旦和人交往並變得親近，你惡意的一面就會開始顯現。或者，你發現大人在經營一段關係時一遇到困難就會轉身離開，那麼每當你發現事情不像一開始那麼幸福時，就可能會拋下對方。雖然這些行為都可能阻礙你追求理想的生活，但它們並不是自我破壞，因為你不是藉此尋求安全感，只是落入習慣的行為模式。在第五章中，我們會更詳細的討論行為模式的代際循環，以及如何有效克服這個循環的方法。

3. 解決問題的技巧不足

有時看似自我破壞的行為是一種訊號，意味著你需要學習新的解決問題技巧。例如，導致人際關係破裂的原因經常在於，牽涉在其中的人沒有學會和對方清楚溝通自己需要什麼、喜歡或不喜歡什麼。有些獨生子女成年後會發現，每當面臨競爭時，自己就會想消極退出，而不願意積極爭取，這可能是因為他們在成長過程中，從未在健康（或不健康）的競爭中學會自處。

就像冰山一樣，露出海面的部分只占整個冰山的10%，每

個行為表現的背後可能隱藏著多種原因。因此，不要假設你生活中所有壞習慣或阻礙你實現目標的所有行為，都是在嘗試自我破壞。透過下方專欄，可以幫助我們釐清這一點。

☺ 三步驟自我診斷

當你猜想讓人生卡住的行為模式可能來自於自我破壞時，可以這麼做：

* **上網做五大人格特質測驗**：了解你的長處是什麼，想想你需要提升的能力是什麼，並問問自己該如何善用這些資訊，打造你想要的理想生活。

* **問問自己，何時開始第一次注意到這種行為模式**：如果答案是自有記憶以來就是這樣，那麼請回想一下，你過去是否曾看過身邊的人從事類似的行為。如果答案是肯定的，那麼請將它視為需要改變的「壞習慣」。然後，選擇一個新信念，思考運用哪一種提示，好在它再次發生時能夠予以辨認，並想好你要採取什麼行動應對。最後，仔細閱讀第五章，弄清楚什麼事你不應該重蹈覆轍。

* **問問自己，你是否缺乏某種解決問題的技巧，才會發生這種行為**：如果答案是肯定的，請思考你打算解決這個問題的方法。

Tips

> 有些行為看似自我破壞，但其實並不是，而是與你的人格特質有關，或是從你的兒時經驗學習而得。

隱藏的自我破壞

在了解什麼是自我破壞後，下一個常見的問題是：「我該如何確定有多少行為是出於自我破壞，有多少行為是環境使然？」面對這個問題，我總是這麼回答：「如果你不確定，或許先假設答案是各占一半（出自你的原因占五成，出自環境因素占五成）。」如此一來，可以讓容易自責的人知道「一個巴掌拍不響」的道理，避免給自己太大壓力；另一方面，也可以讓習慣將責任全推到他人身上的人看見自己該負責的部分。

＼ 案例故事 ／

> 「在過去失敗的交往關係裡，有哪些是我自己所造成
> 的？又有哪些部分純粹是機率導致？我想說的是，有
> 沒有可能我只是還沒有遇到合適的人？」

—— 佐拉（三十七歲）

佐拉是個非常獨立、聰明的女人，不僅如此，她還超級幽默且外型時髦。雖然提到外型可能會讓你覺得過於膚淺，但讀到後文，你就會知道這點很重要。佐拉到診所找我諮商，單純是因為她想這麼做。她並沒有罹患非治療不可的急症，也沒有必須處理的創傷經驗，她只是相信如果你想過得更好，找心理醫生談談是一件好事。

佐拉很喜歡探討人類行為，並且相當好奇她自己的生活中，是否有任何她尚未意識到但需要解決的行為模式。有時我懷疑她來找我，只是像我的心理醫生說的：「想找一個可以一起看電視的人。」對此，我沒有任何批判的意思，事實上，有人陪伴或許是你和我共同的渴望，想要有人見證自己的存在，想要有人和我們一起分享人生中的高峰和低谷，想要找到一個真正理解我們、願意與我們共享這一切的人。

有一天，我和佐拉聊到上述內容，她頗有共鳴。於是我繼續問她，除了心理醫生之外，她是否曾對任何人分享這份期

待？她說沒有，並且向我坦承，承認自己極度渴望愛情、希望找到那個對的人，會讓她感到羞愧，因為她認為足夠堅強的人應該很善於獨處，不會有這種需求。然而這種限制性信念其實也是一種自我破壞，意味著她永遠不應該和外人分享自己的想望和需求，否則會讓別人發現她某種程度的脆弱。

在確認她能以自在的態度討論這個話題後，我們繼續對話。佐拉告訴我，過去十年她幾乎約會不斷，卻一直沒找到合適的人，這讓她開始擔心，自己可能永遠遇不到那個人，她也在內心告訴自己，絕不勉強屈就於人。我們後來花了一些時間來討論她在前文案例故事裡提到的關鍵問題：「在過去失敗的交往關係裡，有哪些是我自己所造成的？又有哪些部分純粹是機率所導致？」我們以各占一半的假設為起點，一一列出她之前交往關係失敗的原因。

其中有些原因顯然不是出於自我破壞，例如：純粹是兩人相處不來、對未來沒有共識（像是她不想要小孩，但對方想要），以及在激情消退後，兩人找不到更深一層的連結等等。有些原因則明顯出於她本身，例如：因為擔心未來可能進展不順利，乾脆拒絕與對方交往；原本打算告訴對方所有她不喜歡自己的事，希望藉著展示自己的脆弱，增進彼此的親密，卻反而像是在試圖趕走對方。

還有一些不那麼明顯、卻可歸類成自我破壞的例子。例如有次面談時，佐拉說自己曾多次穿著睡衣去約會。所謂睡衣，不是那種她有時會穿來診所的別緻家居服，而是上面有著聖誕

圖案的睡衣，外頭再搭配一件有蟲蛀痕跡的毛衣。我問她為什麼？她的理由是：「我希望無論是盛裝打扮還是邋邋塌塌，對方都會喜歡我的全部，包括我所有的缺點。」

我可以理解她說的。傳統女性一直被教育成必須把自己妝點得光彩奪目，以吸引他人的目光，但現在這種觀念已經落伍。現代女性則主張：為什麼我不能做真實的自己，讓別人喜歡這樣的我？有勇氣直接和傳統觀念抗爭，這種態度充滿力量，身為女權主義者的我完全同意。然而，做為一名臨床心理師，我知道許多害怕被拒絕或相信自己會被拒絕的人，經常會在約會開始前進行自我破壞，比如赴約前完全不打扮。嗯？這聽起來是不是很像佐拉？

不過，讓我們試著想像你的初次約會對象，一個是經過精心打扮的人，另一個看起來像是剛從床上滾下來的人，你覺得他們的外表向你發送的微妙信號有何不同？好好打扮自己發送出的信號可能是：「我有自信，我喜歡打理自己，我認為這個約會值得我努力」，至於相反的信號呢？嗯……我想你可以自己腦補一下。

佐拉發現，當她穿著睡衣去約會時，其實自己的感覺也不怎麼好，還發現她起了防禦心，想試著為自己選擇的服裝辯駁：「男人總是希望女人是完美的，這點實在令我厭惡！這充分證明父權社會的存在！」她發現自己離開家時充滿力量，但到了約會地點卻好像帶著戰鬥的心情赴約。當我們深入分析這種行為時，她突然頓悟到：「天啊！我總是擔心約會可能不順

利，但其實我在約會開始前，就在設法確保這次約會絕對不順利。」

當然，並非所有穿睡衣去赴約的人都是在自我破壞，我也沒有立場去批評大家的服裝選擇。我只是基於很了解我的個案，因此看出這不像是她原本會做的事，而是一種自我破壞模式。但這也說明，尋求安全感的行為可能是隱藏的，因而往往令人難以察覺。自我破壞有時就像披著羊皮的狼（或穿著睡衣的人），如果我們沒有意識到自己的信念和恐懼，就不容易發現它。

- 只有當我們穿透表象，深度解讀行為模式所代表的意義，才能辨識並改變我們為自己所設下的障礙。

- 有時候，我們必須試著分析一些看似不是自我破壞的行為，才能挖掘它的藏身之處。試著與不會隨意批判人的朋友或心理師聊聊，或許會有幫助。

😊 了解哪些恐懼可能導致你自我破壞

1. **衡量自己的潛力、討人喜歡的程度、就業能力和在生活中採取行動的能力，並寫下你認為的真實狀況：**你是否擔心自己在某些領域欠缺能力？如果答案是肯定的，請不用擔心，這個練習只是在探索你的潛在自我破壞時刻。如果你發現有時候覺得自己還不錯，過一陣子又覺得自己跟之前想的完全相反，這也很正常，我們難免會偶爾覺得自己不討人喜歡、是個失敗者。如果這就是你的寫照，請這麼寫：「我有時擔心自己……。」

2. **回到你剛才列出的真實狀況，並問問自己，你的恐懼是否曾經被證實過？如果答案是肯定的，請回想當時情況為什麼會發生？**我知道要回想這一點可能會讓人害怕，為了拋磚引玉，我先做個示範：

   　　我想要一群關係密切的朋友，可是在內心深處，卻常擔心我可能不夠討人喜歡，人們在了解我之後，可能就不會留在我身邊。我的擔心來自於年少時的經歷。我的人生似乎有個固定模式，和人初次見面後感覺一拍即合，等到交往得更深入，原本的火花迅速降溫，我相信那是因為他們發現我並不如一開始看起來那麼好。事後回想，我發現當我和陌生人初次見面時，因為比較沒有

風險，我尚未投入太多感情在他們身上，所以我可以自在的做「我自己」。但是一旦我投入感情，我的恐懼就會出現，然後我會退縮，拒絕朋友的邀約，並表現得很冷漠，同時不斷疑惑：為什麼最初的美好火花會突然消失？

　　我講完了，現在輪到你說……

3. **一旦你辨認出潛在的自我破壞，請寫下未來你需要特別留意的事項**（以便日後此種行為的提示出現時快速辨認，以及你將採取的措施）：例如在我的例子裡，我開始格外留意與新朋友互動時的習慣。當我腦子裡出現「他們沒有發訊息給我，也沒有和我聊天」的念頭，就開始感到驚慌失措並想封閉自己時，我將其視為我該進行「STOP」技巧練習的提示，然後問自己是不是完全沒有找話題和他們對話。通常，他們沒有聯繫我，只是因為我沒有給他們任何對話的理由！為了解決這種情況，我主動發訊息給那些人。然後進行「自我疼惜」（self-compassion）的練習。想要克服自我破壞，需要先理解我們做出行為的原因，然後選擇一種新的替代行為，並決定以其他方法來滿足當初導致自我破壞的情感需求。以我而言，我用自我疼惜來應對被拒絕的恐懼。為了支持自己克服恐懼，你會選擇怎麼做？

4. **回到你的目標，以及你希望引入生活的新習慣清單**：圈

出全部可能因為你的恐懼而導致自我破壞的項目，並決定你將採取什麼措施來解決這個問題。

5. **設計一個實驗測試你的新行為，看看會發生什麼**：蔣甲的實驗是體驗被拒絕一百天。我打算繼續與那些我通常會逐漸拉開距離的人進行互動。雖然我的焦慮在這段時間上升了不少，但我與新朋友的接觸量卻也大幅增加！想一想，你可以做什麼來測試你的新行為？

請記住，你也可以在這裡運用從第一章學到的行為改變階段理論。例如：若你覺得自己尚未準備好要測試新行為，你可能還處於改變理論模型裡的懵懂期或沉思期，因此你可以自問：「如果我不嘗試，會發生什麼？保持不變或嘗試新事物，各有哪些優缺點？」你也可以運用我在第二章裡用在賈馬爾身上的技巧，即遵循你的「假如……」恐懼，一路推演至最後可能發生的結局，例如：「如果最壞的情況發生，我該怎麼辦？我打算如何應對？」你可以在附錄的練習三中，找到逐步挑戰心中恐懼的指南。

自我認同與自我破壞

恐懼是自我破壞的核心驅動因子之一,而負面信念也是如此。導致自我破壞的負面信念中,最常被提及的包括:「我不夠好」、「贏家只能有一個」、「我需要等到最完美的時機才能開始」或「我永遠會被拒絕」,這些信念讓我們不太可能在困難時刻堅持下去,甚至在還沒開始時就選擇放棄。許多人把過度擔憂「一定會有什麼地方出問題」當成完善準備的手段,這同樣是種錯誤信念,它會讓我們為從未發生之事感到恐慌,讓我們白白承受無謂的痛苦;如果問題真的發生,我們則會承受雙倍痛苦,再度經歷先前承受過的所有壓力。

關於最後這種信念,還是有些明顯的例外存在。「為生活中的潛在風險做好準備」就顯然是個明智之舉,當擔憂鑽進你的腦海時,立即決定該採取什麼行動來應對這種可能成真的恐懼,會非常有幫助。然而,在大多數情況下,即使我們相信擔憂確實有用,但並不會選擇正面應對它,而是坐在那裡等待所有最糟糕的情況發生。我們選擇讓一個恐懼產生下一個恐懼,陷入「假如……該怎麼辦」的無盡深淵。

此外,還有幾個較少被提及,但被普遍認為會導致自我破壞的負面信念。

在第二章中,我們已經認識過刻板印象和光環效應(根據某人的身分地位來判斷他是什麼樣的人)。接下來,我們要討論對自我認同的刻板印象,如何透過三種不同方式導致自我破壞。

1. 刻板印象告訴我們誰應該在什麼時候做什麼事，所以當我們試圖打破刻板印象時，很容易會自我設限

你知道連自我破壞方式都存在著性別差異嗎？舉例來說：

✓ 女性在申請新工作時，即使已經滿足所有必要條件，她們往往還是覺得應該先取得另一項資格，才能提出申請（自我破壞：由於擔心自己不夠資格，而不去申請本應可以得到的工作）；相較之下，男性更有可能去申請他們不具備資格的職位。

✓ 男性比女性更有可能出現「**自我設限行為**」（self handicapping）。還記得那個在重要面試前一晚喝得酩酊大醉的例子嗎？這種自我破壞提供一箭三鵰的保護：緩解焦慮；得到失敗的藉口；以及如果成功了，會讓別人對他們更加印象深刻。所有性別的人都會這樣做，但不像男性那樣頻繁。而且在這樣的情況下，男性不只會選擇主動喝醉酒而沒做準備，他們還可能製造一些不真實但功能相同的被動情境，例如：「我的狀況不佳」、「我整晚都沒睡」、「我身體不太舒服」。

這些差異的產生，是由於不同性別者在童年社會化過程及成年後的被對待方式所導致。被社會化為男性者傾向透過競爭及展示技能來表現自己，通常被教導成期待自己成為領導者，

而且相信自己的能力源自與生俱來的天賦（而不是透過努力得來的）。因此，社會中的男性通常：一、相信自己應該擔任更高的職位；二、更害怕失敗，因為他們不見得相信只要努力就可避免失敗（他們從小被教導「你要不是極有天賦，就是完全沒有天賦」）；三、更可能表現出自我設限行為，因為男孩很少學會與他人分享自己的恐懼，也不知道該如何有建設性的管理恐懼。[1]

另一方面，被社會化為女性者學會相信，自己必須比男性付出雙倍努力，才能得到相同成果，並被視為同樣優秀。這意味著她們更有可能為實現目標而加倍努力，並且低估她們目前所擁有的技能。有趣的是，研究顯示，男性在職場上遭遇失敗時，通常會被歸因為「運氣不好」或「不夠努力」；但女性遭遇相同失敗時，通常會被歸因為「能力不足」或「這項任務對她而言太過困難」，而這些歸因模式又會影響當事人的後續行動，讓性別刻板印象得以不斷延續。[2]

2. 擔心刻板印象為真，容易讓我們犯錯

當外界對某個群體貼上刻板印象（例如，認為某些人先天缺乏某些方面的能力），研究顯示，許多人會一次又一次的去證明它是真的，雖然實際上並非如此。

還記得為了要不要辭職而苦惱不已的賈馬爾嗎？在治療過程中，我們發現另一個讓他陷入困境的原因。回到曾經短暫離開的工作崗位後，他決定接受一個培訓計畫，依計畫規定必須

要做智力測驗。培訓計畫的任務難度對他來說毫無問題，工作的截止日期或專案的壓力他也能應付自如，只不過在智力測驗日期快到時，他突然忙得不可開交，無暇準備測試。

我一開始以為他這麼做，是因為我們剛才討論過的性別社會化問題，但當我把這個猜想告訴他時，他卻搖了搖頭，告訴我在他的成長過程中，聽過人們說「黑人天生不聰明」無數次。而現在，他要參加的正是衡量智力的測試。他聽到內心深處有個小小的聲音在問：「如果那些人是對的呢？」他會試圖忽視這個想法，但是當他拿起考試資料時，發現有很多東西無法很快記住，並將其解釋為「大家說的果然沒錯」的訊號，開始擔心每個人都認為那個刻板印象是真的，而帶來「刻板印象威脅」（stereotype threat），意指當人們所屬的社會群體刻板印象可能會被證明為真，產生出焦慮不安的感受，而常見的後果就是……嗯，你猜對了！就是自我破壞。

刻板印象威脅會挑戰人們的自我認同與自我價值，消耗寶貴的心理資源，因而阻止他們成功完成手上的任務。當人們發現自己難以面對任務時（因為受到令我們恐懼之事的干擾），壓力也隨之增加。這種焦慮會直接影響能力，提供自我破壞悄悄入侵以控制不適感的機會。這就是發生在賈馬爾身上的事。為了幫助他克服這個問題，我們開始回溯他的生活圈和過往經驗，證明他對自己智力的恐懼和刻板印象既是真的，也是錯的。我們也一同透過正念練習，在負面想法出現時立即覺察，在知道那個想法並非事實時學會放下，然後尋找挑戰刻板印象

並可充當心理楷模的正面例子。慢慢的，賈馬爾的焦慮消失了，能夠以自在的心態參加智力測驗。

3. 刻板印象會影響我們做的選擇

　　除了刻板印象威脅，還存在一種名叫「刻板印象具體化」（stereotype embodiment）的現象，是指你第一次聽說某個刻板印象時並不適用於你，可是後來卻變得適用的情況。衰老就是一個很好的例子。你知道嗎？最近的研究顯示，對老年生活抱持正面看法的人，不但可能活得更久、身體狀況更好，還可以降低罹患癡呆症的風險，即使是對那些帶有致病基因的高危險群人口亦是如此。[3]

　　當我們在成長過程中不斷聽到有關老年人的刻板印象，我們往往認為這些評論事不關己。但是，一旦我們到達老年階段，刻板印象似乎就被喚起似的，莫不影響我們如何對待自己、定位自己，以及做出的決定。例如，將純粹是正常的注意力不集中（像是忘了把鑰匙放在哪裡，或是在壓力下記不住資訊），解釋為自己有記憶力減退的跡象，或是當身體感到僵硬時（像是過度使用肌肉或者坐著不動太久），解釋成行動能力喪失的跡象。於是我們開始認為：「我已經老了，不能再做那件事了。」這種錯誤的歸因方式，使得我們可能因此變得不那麼活躍、不那麼健康或不再喜歡冒險。

　　顯然的，像是突發疾病等許多不可預見的事可能會影響我們的人生，但有時候，問題其實出在我們自己本身，因為我們

根本不相信自己能夠獲得健康、幸福和成功，因此親手破壞獲得幸福的機會，這種狀況有可能發生在任何一種刻板印象上。

　　這樣的發現讓我們獲得一個簡單卻強大的解決方案，讓我們有機會切斷刻板印象和自我破壞之間的連結。研究顯示，當我們能夠試圖尋找刻板印象的例外，並將其當成發生在我們生命中的榜樣時，更有可能打破刻板印象帶來的束縛。

Tips

> 我們的刻板印象和對於自己的恐懼可能會導致自我破壞，因為它們會引發焦慮，並限制我們相信自己能做的事。

◡ 如何克服恐懼和刻板印象對自己的影響？

1. **寫下你認為重要的自我認同，並列出你曾聽過任何與刻板印象有關的想法：**例如：「女性的能力不如男性」、「男性無論何時都應該知道做什麼」。回想自己是否曾因為這些刻板印象而選擇放棄機會、不再嘗試或感到焦慮。如果這個練習太抽象，你暫時想不到任何答

案，那麼先記錄你在接下來二十四小時裡的自我對話。請特別留意那些自誇和自貶的言詞，像是「你從來不會……」、「你總是……」，或是任何拒絕與嘗試新事物有關的負面想法。這將幫助你了解自我對話中自我破壞的本質，以及任何可能阻礙你前進的信念。

2. **回到你的價值觀和目標清單：**當你想為某個目標奮鬥時，心中是否會浮現任何與你的自我認同或個人能力有關的負面信念或恐懼？

3. **挑戰那個負面信念或刻板印象：**仔細想想是否真的有支持它的證據，並問自己，它會不會只是一個未經驗證的單純想法。

4. **尋找挑戰負面信念或刻板印象的例子：**無論這個例子是來自於你或是其他人的經驗。

5. **如果你認為自己不擅長某個領域，擬定一個讓自己可以做得更好的計畫：**也許你認為自己不擅長面試，那麼試著研究面試流程、模擬練習問題，做好周全的面試準備。不要相信「能力是無法習得的」的限制性信念。所有事物都可以像鍛鍊肌肉一樣去學習，無論是要打破長久以來的習慣（例如在壓力大的時候吃餅乾），還是在做重大決定時不受捷思法影響，或是學會不聽那些說你永遠不會成功的批評。

6. **專注於你想做的事情，直到精熟**：關鍵在於，練習、練習、再練習。

7. **思考你的生活中受到刻板印象影響最大的領域**：例如：工作、人際關係等等，然後參加一個能分享共同經歷的支持性社團。

8. **嘗試扮演另一個自己一陣子**：這是一個已被證明有效的有趣技巧。就像孩子有時會假裝自己是超級英雄，去挑戰那些令自己感到害怕的事，而且透過角色扮演往往可以把事情做得更好。一些變裝皇后則表示，變裝角色為他們提供一個出口，可以體驗和享受自己原本不被允許展現的自己。所謂「不被允許」的壓力可能來自他人或是自己（因為他們內化了「男人永遠不能當女人，永遠不該女性化」的信念），然而只要給他們足夠的時間考慮，他們就可以決定要將變裝角色的哪些部分融入自己真正的生活。

當我開始創業時，我以「蘇蘇博士」自稱。她是我的另一個自我，是一個每天熱情投入各種公共場合，積極分享心理學知識和信念的人。她很有勇氣，願意誠實面對自己的恐懼。她相當能言善道。她為我帶來豐沛的工作動力。想一想，誰可以成為你的另一個自我？他將如何幫助你挑戰刻板印象？時間一久，當你發現自己已經可以獨自面對恐懼並取得成功，你就能決定是否要讓那個

自我功成身退。

相信我們值得改變

現在的你，已經擁有判定該相信和想要什麼的工具、覺察三個卡住人生的關鍵成因（壞習慣、捷思偏誤和自我破壞），以及克服這些挑戰的專業知識。不過，我們要學習的還不只是這些。

了解自我破壞（並擁有阻止它發生的工具）是改善人生的關鍵所在，但除非你相信自己值得過更好的生活，否則這段邁向改變之路你走不了太遠。擁有高度自尊，意味著你相信自己的價值。相反的，低度自尊會讓你相信自己註定失敗，並以微妙的方式影響我們行動。例如，我們可能會在出問題時，將所有責任歸咎於自己（「他們對我態度很差，應該是因為我很煩人或表現不好」），但當事情發展順利時，卻又開始貶抑對方（「如果他們認為我很好，那麼他們一定有問題，我應該趕快離開」）。

人類有種受虐傾向，當我們發現自己所相信的恐懼成真時，會萌生一種不正常的滿足感，像是「我就知道他們討厭我」、「我就知道自己不該浪費時間去嘗試」、「我就知道我無法改變人生」。明明是非常痛苦的事情，卻因為能證實我們過去那些負面想法都是對的，反而讓我們得到慰藉。文藝復興時

期畫家米開朗基羅寫過一首詩，證明他很清楚這一點，詩的開頭是：「我從沮喪中得到快樂，在煩惱中得到解脫。」**4**

但痛苦為何能帶來解脫？可能是在挑戰舒適圈極限的過程中，我們長期承受對於未知的擔憂與壓力，當一切崩潰，這些壓力瞬間消失，因而讓我們感到如釋重負。可能是源自期望與現實之間的落差，當你預期即將面臨失敗，但情況卻突然開始好轉，即使是正面的落差，也會導致焦慮升級，就像前面提過的班恩那樣。也可能是因為我們對生活中扮演的某個角色或信念（例如「萬年單身狗」、「總是在找工作的人」、「堅信成功是背叛創作初衷的艱苦藝術家」）抱持著強烈的認同感，事情發展順利會威脅到我們的自我意識。還有一種可能是，當事實證明我們是對的，腎上腺素和多巴胺會增加（在經歷吵架或其他高壓情境後也是如此），讓我們感覺情緒獲得改善、更有行動力和掌控感，即使這樣的效果只能維持一小段時間。

我們對努力結果的不確定性感到不適，加上環境希望我們維持現狀，確認偏誤告訴我們即使努力也得不到什麼好結果，更別提我們許多人都會盡量避免讓自己感到不舒服或恐懼，這也難怪自我破壞行為會如此普遍。

在開始討論如何提升自尊之前，我們需要確切知道自尊到底是什麼，因為許多人都誤以為它和自信沒什麼不同。

你是否遇過表面上看起來很出色的人？他們工作能力佳、廣受眾人喜愛、總能妥善應對眼前問題，然而與他相處一段時間後你才發現，即使他們看起來信心十足，但內心其實非常缺

乏安全感。這是極為常見的現象。「自信」意味著你對自己的能力有信心，但不一定意味著你有「自尊」。

所謂自尊，是指你能夠相信自己的價值。無論你的生活中遭遇什麼問題、無論你擅長或不擅長什麼、無論你認為自己有缺陷，你都懂得欣賞自己。

當你擁有高度自尊時，你將更能相信自己會在人際關係中獲得良好對待，使你敢於開口提出自己想要和需要的東西。你將更能相信自己可以做出正確的決定，例如，離開那些不懂得尊重你的人。你將更能客觀看待自己的能力及缺點，不會過度自我否定，可以更快從艱難處境的打擊中重新站起來。

現在，你能看出自尊和自信有何不同了嗎？

我對自己具備心理學家的專業能力充滿自信，但這並不意味著我能夠一直保持自尊。當遇上新朋友、新愛人，或是不太滿意鏡中自己的樣貌時，我同樣無法肯定自己是否值得被愛。

當人們擔心自己不夠好或無法接受自己（低度自尊）時，常會試圖透過購買新衣，希望讓別人留下好印象，或是透過加倍努力工作、節食健身，或從事任何能讓自己在特定領域更有自信的活動。試圖透過增強自信來提升自尊，聽起來頗有道理，而且效果通常不錯，一套新衣服可以讓我們感覺意氣風發，一件備受好評的作品可以讓你感覺良好。然而，這些感覺十分短暫。我在十幾歲時常常會想：為什麼成功經驗並沒有讓我對自己更有信心、覺得自己更值得被愛？為什麼一旦短暫的光芒消失，那些自信也會瞬間化為烏有？我知道自己並不是唯

一有這種感覺的人,因為在每天的諮商工作中,我會遇到許多在各自專業領域中充滿自信的人,每當取得能夠證明自己很優秀的新成就時,他們就會感到非常興奮,但在興奮感逐漸消退後,他們往往很難確定自己真的具有價值。

如果自信不能持續提升自尊,我們又該怎麼辦?答案是,我們應該將關注焦點放在自尊的實際基礎上。

❤ 提升自尊的練習

自尊是由自信、安全感、自我認同感、歸屬感和勝任感所共同組成。如果你想提升自尊,不妨試著讓自己在喜歡的活動中表現得更好,藉由增強自信,成為提升自尊的起點。同時,我們也需要了解與自尊有關的各個關鍵領域。

安全感

問問自己:「現在的職業(或人際關係、生活方式)能給我安全感嗎?」如果不能,我需要改變什麼?自尊不只和你的內在想法有關,也取決於你是否擁有為你持續提供關懷的良好支持網絡。因此,請考慮你生活中的重要他人,以及他們帶給你的感受。

自我認同

問問自己：「在我心裡，我知道自己是誰嗎？」如果你已經完成第二章的練習，那麼你應該大致了解自己想要追尋的價值與重視的特質。如果你對於這個問題仍然不太確定，請回到第二章再做一次練習。

歸屬感

在社交與職場生活中，你是否能夠感到歸屬感？你是否覺得身邊的人能夠支持你、肯定你？你平時最常受到誰的支持與關心？我們常會透過別人的眼光來認識自己，如果能在朋友和支持網絡中看到真摯的情感，就更可能相信自己是個不錯的人。所以請開始疏遠那些傷害你的人吧！告訴他們你不喜歡他們的批評，告訴他們你希望他們以何種方式對待你，或者乾脆直接選擇離開，去尋找那些不害怕自己有缺陷、即使你有缺陷也一樣愛你的人。

勝任感

你能善待自己嗎？當壓力出現時，你能冷靜清晰的思考嗎？還是會忍不住用極端的事情嚇唬自己，將自己推向恐懼的深淵？如果你對自己總是太過嚴厲、容易陷入負面思考模式，你可以從自我疼惜練習中受益，學習挑戰你的負面思考模式及自我挫敗傾向。不妨先從簡單的自我疼惜練習開始，問問自己：「當朋友處在這種情況，我會如何對待他？」用

你會對朋友說的話、採取的行動來對待自己，而不是你原本會拿來苛責自己的惡毒言語。儘管自我疼惜練習無法消除痛苦情緒，卻可強化大腦中與希望、連結、愛和獎勵有關的區域。如果你想了解更多，我的第一本書《心靈自救手冊》中有一整章是關於負面自我對話的內容，另有一章則在探討自我疼惜，歡迎閱讀參考。

- 自我破壞的原因包括：完美主義、自我批評、害怕被拒絕和失敗、認為自己不夠好或沒有價值、相信所屬社會群體的刻板印象或缺乏自我認同。

- 若要擺脫困境，你必須先相信自己值得改變，而努力提升自尊可以幫助你實現這一點。

眼看一切發展順利，卻開始擔心最終會失敗，該怎麼辦？

這一章的內容會不會讓你讀起來有點沮喪？對於失敗、被拒絕、不值得過上更好生活的各種恐懼，會不會讓你以為自我破壞的源頭，一定源自於缺乏自信？事實並非如此。你知道嗎？還有一個可能導致自我破壞行為的原因，與我們目前為止討論的一切背道而馳，那就是對於成功的恐懼。

有時我們害怕成功，是因為在我們的內心深處，很清楚自己辛苦爭取的並不是真正想要的目標。老實說，我見過很多人一再拖延，或是做一些讓自己無法實現夢想的事（他們自己宣稱的「夢想」），後來才恍然意識到，那些目標其實不是他們真心想要追求的，只不過是他們的父母、朋友或社會灌輸給他們的想法。還有些人因為分不清自己究竟是想要或是需要某事物，因而進行自我破壞，他們會說：「如果得到新工作，導致我必須承擔超出意願的責任，該怎麼辦？」、「如果我在噴漆／裁縫／汽車維修方面變得更厲害，親友想要我免費為他們服務，該怎麼辦？」

我們會自我破壞，有時是因為覺得自己的能力已達上限。心理學家兼作家蓋伊·漢德瑞克（Gay Hendricks）提出「上限問題」（Upper Limit Problem）的概念，就好像我們的身體裡有一個無形的「恆溫器」，用來監控我們能夠承受多少程度的幸福、愛和成功。一旦超過自認為可以承受的門檻，恆溫器

就會發生作用，讓我們開始恐懼，並且進行自我破壞，讓自己可以重新返回舒適圈。你是否相信你的快樂、成功、創造力、被愛是有限度的嗎？你是否也有過「上限」的體驗？如果是，當時的你做了什麼？

　　我的個案艾倫曾有過相當負面的生活經歷，他因此堅信，如果事情進展順利，那只不過是暴風雨前的寧靜。於是，我們決定把諮商的一部分重點放在測試信念上，例如：「高峰並不總是導致低谷」、「善良的人並不總是在等待時機，好向你露出真面目」。

　　在其中一次信念測試期間，艾倫在診療時對我說：「啊哈！果然事情進展得太順利，之後就一定會出事。你看我說得沒錯吧！」我全神貫注的聽他敘述發生的事。他告訴我，他順風順水的過了好一段時間，但沒多久，他和伴侶便發生爭吵，立刻破壞他的好心情。我很遺憾聽到這個消息，他顯然感到心煩意亂。等他的情緒穩定下來後，我們討論引發他們爭吵的各種可能。我很好奇他是否真的找到「好事之後壞事一定接踵而至」的證據，還是受到確認偏誤所影響，扭曲他看待世界的觀點。在談話的過程中，他承認可能因為他那天壓力太大，所以不小心引發與伴侶之間的爭吵。為什麼壓力太大？因為他太過擔心於壞事即將就要發生。

　　生活是不可預測的，有時看似一切順遂，壞事卻毫無預警的突然出現。然而，這次艾倫並沒有遇上壞事。當事情進展順利，他不去享受當下，反而鑽牛角尖，把注意力全放在有壞事

情即將發生的預感上。他後來承認，他執著到開始主動尋找任何可能出錯的線索，那就好像腦子裡有個潛伏在某個角落、隨時可能冒出來的惡鬼，帶給他極大的壓力，以至於有天晚上他回到家後，只因為一點小事就對他的伴侶大發雷霆。他沒有意識到自己才是這場爭吵的罪魁禍首，反而將過程中傷人的對話、用力甩門的聲音，當成自己是對的證明。嗯……事情果然美好到令人難以置信。

為了幫助艾倫擺脫自我破壞帶來的困擾及自責，他需要學習自我疼惜。他也需要時常練習檢驗自己的想法，這樣就能發現自己可能錯過了什麼。在我們討論過後，每當事情進展順利，艾倫便會不時小小慶祝一番，藉此解決他的上限問題。他也會練習正念思考，幫助自己管理因成功引起的情緒反應，並在他身體裡的「恆溫器」開始運作前暫停下來。他甚至想出口號為自己打氣：「我正在學習我可以感覺良好。美好或成功的狀態沒有上限。我樂於擁抱積極正面的態度。」同時在生活中慢慢累積成功經驗，來證明這些信念是對的。

有時候我們害怕成功，是因為擔心它會改變別人對我們的看法，例如：「如果我成功了，每個人都會開始談論我」、「如果我表現出色，別人會刻意貶低或羞辱我」。有些人在小時候因為表現優異，因而遭到他人的羞辱或毀謗時，就很容易出現這種狀況。我有不少個案也和我分享，他們曾看過家人因努力或成功而被人戲弄或嘲笑，或是自己在班上名列前茅，卻被表面上是朋友的人欺負，甚至還被人咒罵為「笨蛋」或「書

呆子」。

　　我有許多在英國、澳大利亞和紐西蘭等國家長大的個案，他們從小生活在成功的陰影下苦苦掙扎，因為這些國家有「高矗粟花症候群」（tall poppy syndrome）的傳統文化，認為任何一朵矗粟花都不應該長得比其他矗粟花高，只要有人嘗試表現出眾，就必須受人打壓。在北歐國家，人們普遍遵循反對個人主義和個人成功的「洋特法則」（Law of Jante），意指當我們在成長的過程中接收到的全是「成功不是件好事」的觀念時，自然會採取拖延以確保失敗的方式行事，以保護自己免於受到成功帶來的威脅。

　　很多人對高矗粟花症候群並不陌生，甚至還可能對別人這麼做。當你看到朋友或名人突然表現出色時，你是否曾經以不屑的態度說著：「天哪！你看到了嗎？他現在一定覺得自己很＿＿＿＿＿＿（加入侮辱性字眼）」、「我敢打賭他一定很自戀」、「嗯，他是很不錯，不過我聽說他過得很不開心」等等。回想一下，你會這麼說，是不是因為他們的成功引發你覺得不如他們的恐懼，說穿了就是一種嫉妒，所以選擇用這種方式回應，好讓自己感覺比對方強大？

　　如果上述情形也曾發生在你身上，我要告訴你，絕對不只有你是這樣，多數人都有類似的經歷，英國搖滾樂隊「史密斯樂團」（The Smiths）甚至還創作出一首名為《我們討厭朋友變得成功》（*We Hate It When Our Friends Become Successful*）的歌曲。他人的成功就像一面懸掛在我們面前的鏡子，讓我們莫名感到

自卑，覺得自己好失敗，即使這與真實情況根本就相去甚遠。

在充滿嫉妒和高罌粟花症候群的環境中成長，我們漸漸被教導成害怕成功，甚至將嫉妒內化，這在心理學上的說法，意味著每當我們在某件事取得成功時，就會開始懲罰自己，就好像我們做了別人也很渴望做的事情後，別人想攻擊我們那樣。換句話說，當我們接近成功時，我們可能會開始自我破壞，削弱我們的才能，或者甚至避免去爭取成功，以迴避別人對我們的不友善態度。

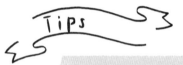

- 或許「自我破壞」的另一個更貼切的名稱是「尋求安全感的行為」。從這個角度來看，你會發現或許你可以用其他更好的方式獲得安全感。

- 克服恐懼必須雙管齊下。首先，辨識並挑戰導致行為發生的想法、恐懼和信念（例如，質疑自己是否真的相信你心中的恐懼）；其次，一次又一次挑戰你的想法和恐懼（例如，讓自己慢慢面對恐懼，知道即使如此，自己仍然可以承受）；試著和別人討論你的恐懼，允許別人可以支持你面對恐懼，並讓你看見它們並非如你想的那樣可怕。

∵ 克服對於成功的恐懼

* **問問自己：我的目標是什麼？它真的是我的目標嗎？**如果這個目標不是你的，也許你其實正以某種方式阻礙自己，因為你心裡知道自己其實根本不想要達成目標。例如：也許你一直在拖延，是因為你的家人希望你去做一份你其實並不想要的工作；也許你繼續出門約會，但心底裡卻不想再和對方往來，因為你知道這段關係最終會以爭吵和淚水收場。返回上一章的價值觀清單，並以此調整下一步行動。

* **如果這個目標確實是你真心想要的，問問自己：如果我實現了這個目標，對我的生活有什麼意義？**這個目標為你帶來最大的好處是什麼？最糟的後果又是什麼？為了實現目標，我必須冒哪些風險？（例如：成為他人的箭靶、別人會隨時注意我、可能會拒絕我，甚至在我成功後拋棄我。）

* **如果你發現你會逃避想起過去的經驗，問問自己：有什麼方法能支持我度過害怕的經驗？**例如：我可以去找我一直擔心將來可能會拒絕我的人談一談？我可以找一個自己可以安心信賴的朋友聊一聊心裡的感受？我可以學習使用自我安撫技巧，來控制自己內心不斷湧出的焦

慮感？我可以運用正向語言的口號練習，對自己喊話：
「我正在學習我可以是快樂的、成功的我」？

＼ 案 例 故 事 ／

SOS！我卡住了！

「我就像無頭蒼蠅似的在原地打轉，但我應該可以做得
更好。我總是被冷漠且拒人千里的人所吸引。最近我
面試了三家經紀公司，我告訴自己：『這一次，我要
找一個能牽著我的手，溫暖引導並支持我的經紀人。』
面試時，這三個人給我的感覺就像童話《金髮姑娘和
三隻熊》（*Goldilocks*）裡的三碗粥：第一個太直接、冷
酷；第二個太親切、友善到讓我不舒服；第三個則似
乎很適合我，他很友善、冷靜、能設定界限，所以我
做出選擇。但現在，我感覺自己再度選到既冷漠又拒
人千里的人。在簽約後最初幾週，他對我非常照顧，
可是如今，我卻幾乎沒有他的任何消息。我又重蹈覆
轍了。我對自己很生氣。」

——作家喬丹，
談到正在尋找代理他的作品、檢視他的想法、
幫他與出版商聯繫，以獲得寫作報酬的經紀人的過程

喬丹不只是作家，也是一位心理學家，還是我之前的指導教授。在我還是實習醫生時，我會帶著我的個案筆記、問題清單，趕去參加臨床督導會議。每次我總以崇拜的眼光看著他，期待他與我分享他的智慧。對我來說，他無所不知，當時的我有兩個願望：一、希望有一天我能成為像他一樣優秀的臨床心理師；二、希望他永遠不知道我覺得自己有多少心理缺陷。那時的我以為，臨床心理師必須擁有百分之百完美的心理狀態，因為他們「很清楚自己在做什麼」，所以他們永遠不會像我那樣，經常做一些迂迴的、負面的生命選擇。

　　正因如此，當某個晚上公事結束後，喬丹和我分享他尋找文學經紀人的故事時，讓我大感震驚。一個對心理學了解得如此透徹的專家，怎麼可能還會重蹈覆轍？他一定是故意和我分享這個故事，因為他曉得我一直將他視為我在心理學領域的榜樣，而我始終認為，一旦人們真正知道他們做某件事的原因，以及如何做出不同的選擇時，應該就不會再次做出相同的行為。然而，事實並非如此。

　　喬丹的故事之所以重要，是因為我知道很多人都和我之前一樣，相信一旦人們真正了解自己的生活模式，就永遠不會重蹈覆轍。然而，還有誰比擁有心理學博士學位的人更能證明，真實情況並非如此理想？

　　喬丹很了解自己。他知道他想要且需要別人提供溫暖與支持，可是他也清楚知道自己容易被冷漠的人吸引。他刻意嘗試做一些不同於以往的事，卻發現自己不知不覺又回到同樣的模

式。這並不是因為他覺得自己不值得受到他人支持，若真如此，他就會選擇第一家經紀公司。這也不是出於確認偏誤（也就是以你的世界觀去解釋他人的行為），因為他已經想辦法改善這點。問題的真正關鍵在於，人們通常會被自己熟悉的事物所吸引。

雖然第二家經紀公司既親切又友善，但這樣的友善對他來說太過陌生，反而讓他有些焦慮。第三家經紀公司則看起來符合他的需求，他直覺上覺得對方很好，感覺一切都很契合。

你是否也遇過類似的狀況？在面試時，面試官的氣質讓你想起自己的姐姐，然後突然間，一切都變得容易許多？你是否曾下定決心，尋找一個和你以往喜好完全不同的工作、伴侶或社區，然後經過半年，卻發現它／他帶給你的感覺幾乎與之前沒太大不同？即使我們擁有足以克服自我破壞的專業知識，但有時我們仍會發現自己卡在相同的困境裡。身處熟悉的情境往往會讓我們感到放鬆，就好像我們走在了解他人、其他地方或事物的道路上。我們的肩膀不再緊繃，警戒心也隨之放下。

在我們聊過之後，喬丹意識到他覺得自己似乎重蹈覆轍，很快便控制住自責。現在，他有兩個選擇：離開現在的經紀公司，聯絡第二家經紀公司，想辦法緩解對方的友善帶給他的不安。或者他可以繼續和第三家經紀公司合作，但以不同的方式維繫彼此的關係，即使關係仍然沒有任何改變，他依舊可以選擇離開。他最後選擇後者。他寫下一張清單，列出他希望在工作關係中的互動模式，例如：每週打電話或以電子郵件問候；

針對他的寫作草稿，在做得好的地方給予肯定，而不只是提出需要改進之處；偶爾一起喝咖啡，更加深入的了解彼此。然後，他將這張清單寄給經紀公司。對方很感激喬丹明白列出自己的需求，因為有了清楚的指示，辦起事來自然容易許多。

很多人相信，一旦他們弄清楚自己的某種行為模式，就絕不能讓它再次發生，否則就意味著失敗。然而，事實並非如此。還記得我們在第一章結尾學到的內容嗎？擺脫舊習慣並不容易，舊態復萌是很正常的事。當你意識到你又回歸舊習慣、做你熟悉的事時，你可以像喬丹一樣，選擇以不同的方式處理，那麼你做的事就是與自我破壞背道而馳，將為自己帶來更新、更健康的新行為模式。

Tips

- 如果你無法完全拋棄某種習慣，並非代表你是失敗者，而代表你很正常。

- 如果你發現自己重返舊習慣的懷抱，不要立刻認為你再度陷入困境。請記住，你永遠有選擇，可以決定離開現狀，或是做些什麼來改善目前的狀況，例如：在熟悉的環境中，和對方溝通你需要或想要什麼。

第四章

心理遊戲

Drama

很久以前，有一位名叫蘇格拉底（約西元前四六九年到三九九年）的古希臘哲學家。某天，他走在街上，一個他認識的人跑過來對他說：「你知道嗎？我剛才聽到一件關於你學生的事耶！」顯然，這是一個向蘇格拉底發出、希望開啟談話的邀請，聽在社會化程度夠深的人耳中，也許還有分享「正夯的八卦」之意。可是，蘇格拉底並沒有上鉤，反而向那個人發出另一個邀請：希望對方先通過「三重過濾測試」（Triple Filter Test），再告訴他更多細節。那個人默許了。

接著，蘇格拉底告訴他，第一個過濾的條件是「真實」。蘇格拉底問他：「你確定你想告訴我的事，絕對是真的嗎？」那個人想了一想便回答，他並不確定，這件事是他最近才聽說的，只是迫不及待想和周圍的人分享。

蘇格拉底繼續說，第二個過濾的條件是「善意」。蘇格拉底問他：「你要告訴我的這件關於我學生的事，是一件好事嗎？」我們可以想見那人聽見這個問題後的心虛模樣，他忐忑不安的回答：「不是好事。」顯然，對我們這些知道八卦如何運作的人來說，這個答案一點都不奇怪，有些八卦和善意根本是南轅北轍。

至於第三個、同時也是最後一個過濾的條件是「有用」，蘇格拉底說道，並告訴那個人，儘管他原本要講的事沒能通過前兩個過濾條件，他仍然有最後的機會。於是，蘇格拉底問：「你想告訴我關於我學生的事，對我有用嗎？」只見那個人回答：「沒有……。」

蘇格拉底沉思片刻後，問道：「如果這件事情既不是真的、善意的或有用的，那麼你為什麼還會想跟人分享這件事呢？」這一問，便把對方問得啞口無言，立刻羞愧離去了。

我們大多數人都遇過類似上述故事開頭的情景，在那一刻，那些與我們認識的人相關的潛在訊息實在太過誘人，讓人忍不住想一探究竟。然而，我們都知道八卦可能造成的負面影響，也許你過去就曾因為有人散布不實謠言或真假參半的故事而深受其害；或者，你也曾在沒有查核事實的情況下，無意間成為八卦的散播者；又或者，你曾親眼目睹八卦受害者當發現自己成為眾人八卦的對象時，臉上顯露的沉痛表情。但在本章開頭的故事中，蘇格拉底卻使用一套系統來做為判斷的準則，並直接拒絕流言的傳播。只不過在真實生活中，我們應該都很少遇過像蘇格拉底這樣的人吧。

到目前為止，我們已經看到人們如何因為自己的慣性行為、捷思偏誤，以及自我破壞而陷入心理困境。現在，我們要探討讓人生卡住的第四個因素：心理遊戲。有時候，我們就像是故事中的蘇格拉底，當收到我們所認識的人或是喜歡的人、甚至是陌生人的邀請，就被拉進一個最終可能會傷害我們和其他人的社交遊戲裡；有時候，我們可能會扮演道聽途說的那個人，意圖引誘他人加入這個遊戲。無論我們扮演的是哪一種角色，很少有人真正意識到心理遊戲的普遍性和發生原因。許多人甚至沒有注意到，我們所參與的重複互動行為，有可能會阻礙我們的人際關係和想達到的目標。因此，本章將幫助你辨認

出日常生活中可能陷入心理遊戲的場景，以及如何創造屬於你自己的三重過濾測試，以便擺脫這種狀況。

戲劇三角

還記得經典童話《小紅帽》（*Little Red Riding Hood*）的故事嗎？我們來快速回顧一下。某天，小紅帽穿過森林去探望奶奶。在路上，她遇到一隻狼，狼問她要去哪裡，然後建議她摘花送給奶奶。沒想到，狼比小紅帽先一步到奶奶家，並吃掉了奶奶。當小紅帽終於抵達奶奶家，穿著奶奶衣服的狼正躺在床上，等小紅帽一靠近，便張開大嘴，一口把小紅帽吃下肚。飽餐一頓後，狼便在床上呼呼大睡。不久，一個獵人走進屋子。他切開仍在睡覺的狼的肚子，奇蹟般的救出毫髮無傷的奶奶和小紅帽，再搬來石頭放進狼的肚子裡。等狼醒來後試圖逃跑，卻無法支撐石頭的重量，終究倒地不起。

這個故事具備幾乎所有動畫和童話相似的架構，有三個主要角色：「受害者」（小紅帽和她的奶奶）、「迫害者」（狼）和「拯救者」（獵人）。你也可以在大多數電影動作片中看到這樣的角色模式。還記得《終極警探》（*Die Hard*）嗎？主角約翰・麥克連（John McClane）準備在聖誕佳節探望分居的妻子和女兒，當他等待妻子公司的聖誕派對結束時，一群恐怖份子（迫害者）突然闖入，挾持大樓裡所有人（受害者）。而趁兇手不注意時脫逃的約翰，成為唯一可以拯救所有人的英雄

（拯救者）。

一九六〇年代，美國知名精神科醫師史蒂芬·卡普曼
（Stephen Karpman）將這三種角色形成的互動模式稱為「戲
劇三角」（drama triangle），這種模式幾乎適用於所有類型的
人際衝突上，不管是在真實或幻想的世界裡。當然，現實生活
中的人際互動更為複雜，不可能只分為好人和壞人，不過重點
是，這樣的劇本無處不在。

卡普曼認為，大多數的人際衝突情境都是由拯救者、迫害
者和受害者所組成。我想到的明顯例子包括：

✓ 霸凌者（迫害者）、被霸凌者（受害者），以及向被霸凌
  者伸出援手的朋友、老師、老闆或檢察官（拯救者）。

✓ 排行居中的孩子（拯救者）調解哥哥、姐姐和弟弟、妹妹
  （他們都可能是受害者或迫害者）之間的矛盾。

✓ 在用餐時吵架的夫妻（受害者和／或迫害者），以及試圖
  介入、充當和事佬的朋友（拯救者）。（「不如我們不要再
  吵架了，大家一起喝杯酒吧？」）

也就是說，每個衝突情境基本上都是《小紅帽》的翻版，
只不過通常沒有涉及謀殺情節，更不會有血腥畫面。卡普曼認
為，大多數衝突都是圍繞著戲劇三角的行為模式展開，只是人
們在每一次衝突中，可能扮演著不同的角色。有趣的是，我們

往往會在無意識之下選擇扮演某種特定角色，這可能和我們年幼時看見別人扮演的角色有關，也可能是受到童年經驗的影響，使我們相當熟悉於某個角色。舉例來說，人們會受到拯救者角色所吸引，可能是因為他們在童年時期學到，只有主動提供別人幫助時，才會得到自己所需要的愛和關注。以我自己來說，身為臨床心理師往往就是在扮演拯救者。

不管扮演的是拯救者、迫害者或受害者，這些角色的行為本身都不是問題，唯有當這些角色開始讓我們或他人感到痛苦時，就會讓自己或他人陷入人生和人際關係的困境。例如，排行居中的孩子可能會覺得自己經常被其他家庭成員忽視，因為其他人比自己更受到關注；一對吵架的夫婦可能會仰賴朋友的居中協調，卻反而讓無關緊要的他人捲入夫妻兩人之間的關係風暴中。

在我們進一步探討每個角色之前，你可能已經有些疑惑：「拯救和幫助之間的區別是什麼？」以及，「為什麼我得忍受有人時不時告訴我，我扮演的是迫害者的角色？那會讓我感到極度不舒服。」因此，在我們繼續談下去之前，我想先說明一點：我們將在本章中學習到，有時候我們會扮演「受害者」的角色。然而，**我們之所以會淪落為受害者，是因為我們低估自己的能力和選擇權**，而不是真正受到其他人的傷害或壓迫。本章的內容完全沒有指責受害者的意思，如果你曾受過任何形式的虐待，你理應得到他人的同理和支持來面對過去，任何人都不應該責備你。

過去我有很長一段時間不太喜歡戲劇三角理論。記得初次讀到這個模型時，我感到憤怒至極，主要原因有兩個：首先，在我的心理諮商工作中，有些陪伴對象是遭受可怕的身體虐待或性虐待的受害者，當他們的生命陷落時，沒有人願意傾聽或相信他們，甚至還要承受別人的指責：「你是做了什麼，才導致這種情況發生？」等充滿惡意的問題。我完全無法接受有人指責受害者，而當時的我以為，戲劇三角的提出目的就是在指責受害者，因此，我一直有點排斥接觸這個模型。此外，根據我過去的工作經驗，我從未見過有人在被告知自己是在「扮演受害者」或具有「受害者心態」後，會因此感到振奮而積極做出改變。總之，對於過去的我來說，實在看不出戲劇三角模型的用處何在。

　　後來在機緣巧合之下，我再次檢視戲劇三角的理論模型，並發現兩件重要的事：第一，當涉及虐待關係時，這個模型可以幫助我們理解施虐者如何將某人置於受害者的角色裡，並且試圖讓他／她一直困在裡頭，這種情形與我們自己選擇進入受害者角色完全不同；第二，當涉及一般生活情境時，這個模型能幫助我們理解自己在重複發生的日常衝突中，自己經常扮演的角色，像是你和伴侶因為洗碗而爆發爭吵，認為對方沒將我的話聽進去時，或是在我們付出太多時間和心力，整個人感到筋疲力盡時；或是，無論自己再怎麼努力，卻感覺只是一次又一次重複同樣的挫敗時。人際互動確實是卡住我們人生的主要原因之一，所以我不得不承認，戲劇三角模型並非一無是處，

這也是為什麼我會決定在本書中與你分享。

需要說明的是，當我在本章中使用「受害者」一詞時，除非另有說明，否則並非是指受到攻擊或迫害的人。請記得，戲劇三角只是用來解釋行為和衝突行為的模型之一，如果你需要進一步的心理支持，請務必尋求專業人士的幫助。你也可以在本書附錄中找到有用的資源，指引你朝向正確的方向前進。

Tips

- 當遇到人際衝突時，若我們無法有效解決眼前狀況，反而選擇扮演戲劇三角裡的角色，就會讓自己陷入困境。

- 戲劇三角不僅發生在人際之間，還會反覆在社會、國家和歷史中的人際關係不斷上演。

- 我們傾向於在生活中扮演單一、特定的角色，尤其當某個角色對我們來說很重要或感覺理所當然，就會尋找可持續扮演該角色的情況。

- 我們可能會在毫無意識的情況下，承擔並扮演某個角色。

我們所扮演的角色

下圖是戲劇三角的模型圖，三種角色分別為：

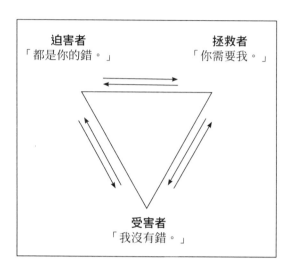

迫害者

沒有人想成為迫害者，但我們卻可能在無意間扮演這個角色。因此，請你盡可能敞開心扉，試著回想自己過去是否曾經對別人故意挑剔、被動攻擊，甚至是主動挑釁的經驗。

當我們扮演迫害者時，我們的一言一行就像是嚴格又吹毛求疵的父母，會去責備、批評和挑剔身邊的人。為了想要「贏」，我們甚至會不計一切代價，盛氣凌人的指出對方所有的錯誤，拒絕在爭執或討論中讓步。我們還會故意用指責的口吻說話，以便控制別人，例如：「你要是不聽我的，那就滾

吧」、「我就知道我永遠不該相信你」，或是，「如果你完全按照我說的做，現在就不會錯到這麼離譜」。

我們會採取各種微妙的方式來控制他人，甚至是直接霸凌別人。在扮演迫害者角色時，我們的血管裡充滿腎上腺素，因為堅信自己一定是對的，而將自己的所作所為視為理所當然。一旦有人指出我們的行為是不友善的或是錯的，我們要不是因太過意外而感覺震驚，就是變得極具心理防衛，急著用各種理由來將自己的尖酸刻薄和控制性行為合理化。

經常在戲劇三角中擔任迫害者角色的人，乍看之下可能顯得強勢，但他們之所以做出這樣的行為，其實有許多潛在原因。有些人可能在兒時或年少時見過別人這麼做，因而長大後下意識的模仿他們；有些人可能是試圖隱藏內心的脆弱，也許他們在過去很長一段時間裡，都扮演著受害者的角色，而轉換角色為迫害者，有助於他們避免喚起失敗、混亂或缺乏認同的感覺，以及再次成為受害者的恐懼。在一些案例裡，那些傾向於以極端方式扮演迫害者角色的人，過去往往有過被虐待或重大創傷的經歷。

當我們感覺自己高人一等、想要貶低他人的價值或能力，或是出現責備或想要控制他人的行為時，就要特別提高警覺，檢視自己是不是已經開始扮演起迫害者的角色。

拯救者

在扮演拯救者這個角色時，我們會想要努力幫助他人。然

而，這種「幫助」指的並不是支持他人制定長期解決方案、教人如何釣魚的幫助，而是直接拿魚給被拯救者，提供對方快速解決問題的方法。拯救者通常會說類似這樣的話：「別擔心，我就是要來幫你解決問題的。」或是，「別擔心，一切都會好起來的！」很多人認為拯救者是戲劇三角中最好的角色，其實，每個角色都有它自身的陷阱。

對於被拯救者來說，拯救者所提供的暫時救援並不能帶來長久的效果，因為拯救者透過介入、為對方做妥一切所建立起的依賴循環，將使被拯救者成為一個長期需要救助的受害者，而不是只要在適當的支持下就能完成任務的成年人。你或許聽過這句話：「授人以魚，不如授人以漁」，當我們救助別人，卻沒有考慮對方真正的需求時，我們就是在授人以魚，雖然可以讓對方免於一時的飢餓，卻沒有辦法培養他自行解決問題的能力。

拯救者經常將迫害者視為有強烈控制欲的人，卻沒有意識到，其實他們自己也在做同樣的事：一味想要介入、解決別人的情緒困擾，深信自己擁有解決一切問題的正確答案。儘管拯救者的出發點是善意的，但他的行為卻在無意間將對方推向受害者的位置。當拯救者總是試圖介入並解決他人的問題，卻沒意識到對方真正想要的不是「有人來解決自己的問題」，只是單純希望有人願意傾聽；一旦拯救者意識這件事時，很可能會就此疏遠對方。

當然，我們還是可以透過一些即時而非根本性的解決方案

來「拯救」自己。例如在辛苦一整天後喝杯小酒、沉浸在愉快的 Netflix 追劇時光，或是欲罷不能的滑著 Instagram，這些確實是能幫助我們減輕當下壓力的抒壓管道，但無助於解決問題發生的根源。正如我們在第一章所討論的，這些快速治標的方式，往往會變成日常生活中的不良習慣。

喜歡扮演拯救者角色的人，可能是在成長過程中受到重要他人所影響，或是發現幫助別人，可以獲得自己渴望得到的關注與肯定。也許他們的父母在他們兒時就去世或生病，使得他們還沒來得及完成自己的發展階段任務，就必須承擔起照顧者的責任。

有時候，我們想成為拯救者，單純只是因為每當看到別人沮喪，自己就會感到焦慮，所以必須盡一切努力來解決他人的困境，好讓自己好過一點；甚至，會覺得幫助別人遠比面對與處理自己的困境容易多了。

當拯救者看到他人有難而不伸出援手時，往往會感到內疚。如果你正是這樣的人，請牢記一件事：助人本來是件好事，可是如果因為急於拯救別人，卻將自己的幸福感過度和幫助他人捆綁在一起，或是用過於關注他人需求的方式，轉移對於自身問題的關注，可能會顧此失彼。

受害者

在扮演受害者角色時，我們會覺得全世界好像都在跟自己作對。請記住，這裡我們談論的受害者經驗不是被霸凌、被騷

擾或更糟糕的情況，也不是指生命中的重大創傷，讓人們覺得這個世界很危險，甚至無法再相信別人，而是生活中再普通不過的日常經歷，例如：在網路上與人聊天時，對方沒有回覆我們的訊息，就認定別人是故意不搭理我們；或是將發生在我們身上的所有不幸歸咎於他人，卻沒有考慮自己在生活中所扮演的角色。有時候，當我們面對生活中的困境時，並非真的無能為力，而是忘記自己其實擁有選擇和掌控的自主性，從而不斷削弱自己的力量。

扮演受害者角色的人會低估或貶低自己的能力，覺得自己無法解決問題且別無選擇。正因如此，受害者不會去反省自己該負的責任，而將一切過錯歸咎於迫害者，同時一心等待拯救者的到來，幫助自己脫離困境。當我們處在受害者模式時，往往會抱持著不切實際的期望，認為即使我們什麼都沒說，如果有人足夠關心我們，就會知道我們需要的是什麼，並主動伸出援手。我們可能忽略了即使發生任何問題，我們還是可以採取一些行動來克服或管控狀況；更糟糕的是，如果拯救者始終沒有出現，更會讓受害者進一步認定自己果然身處絕境。

你是不是也觀察到戲劇三角的角色模式是如何讓人陷入困境？當某件事發生並讓我們感到不舒服，我們沒有設法克服這種不舒服的感受，並且承擔起自己的責任，試著找出有效的解決方案，而是扮演一個讓自己只能在原地踏步的角色，並邀請他人扮演其他角色，來維持這個戲劇三角的模式。

知道我們所扮演的角色不一定是出於我們自己的選擇，這一點非常重要。你是否曾經感覺，如果沒有別人的幫助，自己就無法完成任何事情？也許你的上司鉅細靡遺的管理方式，讓你不禁質疑起自己的能力，或是有個朋友對你異常挑剔，以至於你一看見他，就不由得感到緊張焦慮。如果你對以上描述有所共鳴，可能意味著你所扮演的角色並非出自你的選擇，若是如此，你就更需要清楚知道，當掉進戲劇三角中扮演起某個角色之後，接下來將會發生什麼事。

如果我們相信自己別無選擇，就會因為陷入戲劇三角而感到受困；然而，如果我們意識到自己並非沒有選擇，還是可以採取一些行動，就不會輕易讓自己陷入受害者角色。這些行動包括：向同事尋求支持，來分攤上司大小事都要管的情緒壓力；提醒自己關注所擁有的優勢能力；與愛挑剔的朋友畫清界限等。

讓我們再回到本章開頭蘇格拉底的例子，現在的你，是否能運用戲劇三角模型重新解讀這個故事？表面上看來，跑來找蘇格拉底談話的人所扮演的是樂於助人的拯救者，他希望向受人尊敬的大學者提供他個人認為的「重要」資訊；事實上，他扮演的角色卻是迫害者，準備為自己即將對他人做出的批評和羞辱行為而感到竊喜。他試圖將蘇格拉底拉進他所設定的戲劇三角中，想與蘇格拉底共同扮演迫害者的角色。只不過蘇格拉底斷然拒絕這個邀請，不願踏入這個戲劇三角一步。是的，下次當遇到類似的邀請，你也能像蘇格拉底這麼做！

- 當你知道自己傾向於扮演戲劇三角中的某一種角色，並不需要感到羞愧。在你過去的生命旅程中，這個角色應該為你提供某種程度的保護；只是如今，它反正成為卡住你人生的羈絆。知道這點很重要，請對自己多點同情心。

- 意識到自己何時被迫扮演一個並非由自己所選擇的角色很重要。唯有如此，我們才能知道如何擺脫這個處境。請在不會威脅到你的人身安全前提下，思考看看有哪些可能的選項，可以解決你目前面臨的處境。

☺ 了解你在戲劇三角中所扮演的角色

* **跟著我唸一遍**：「我願意承認自己可能會不時扮演的角色。我願意去思考它會如何影響我的人際關係和健康狀況。我會努力為我自己和周圍的人做出改變。」這個動作很重要，因為克服戲劇三角的第一步，就是必須承認

我們可能會陷入這些行為模式中，並願意為自己負責。

* **反思你的生活並自問：戲劇三角中的哪個角色對你特別有吸引力？你最傾向於扮演哪個角色？**弄清楚這件事會為你帶來極大的幫助，並進一步思考：這個角色能在你的人際關係或工作上產生助益嗎？它是否會讓你變得更堅強、更有能力？

✦━━✦━━✦━━✦━━✦━━✦━━✦━━✦━━✦

受害者的三張面孔

在我坐下來書寫這一章的那天，我目睹自己在短短一個小時內，無縫切換不同角色：在與伴侶爭吵時扮演迫害者、與心煩意亂的朋友聊天時扮演拯救者，以及在與什麼都要管的前老闆通話時扮演受害者。我們的確能隨時隨地、毫無預警的扮演任何一個角色，但知道這件事只是第一步，接下來，我們更需要知道的是，在同一個衝突事件裡，我們甚至可以任意切換自己扮演的角色。

「在我的一生中，總是不斷為別人做很多事，卻從來沒人真的在乎我過得怎麼樣。他們通常只會接受我的幫助，但永遠不會學習或改變自己的行為。我真的覺得好累，需要好好休息，可是如果我不顧好所有的事，那麼什麼事都完成不了。我感到既生氣又孤單。」

—— 夏麗，五十六歲

　　夏麗來接受諮商時感到滿心疲憊。她一直是別人哭泣時可以依靠的肩膀，也是朋友遇到問題時會去求助的對象，她甚至記下每個同事的生日，以及他們今年許願的生日禮物。她曾讀過很多 Instagram 上的貼文和自助書籍，知道自己屬於「討好型人格」（people-pleaser），但她不明白的是，為什麼現在自己會對周圍的人感到如此憤怒。她覺得自己無法擺脫眼前的困境，卻沒有意識到自己的精神狀態很緊繃。平時的她總是表現得十分陽光，而且看似從社交活動中得到極大的愉悅。上週夏麗過生日時，有兩個朋友沒有發簡訊祝她生日快樂，她不禁猜想這是否是朋友開始疏遠她的徵兆。她覺得自己的猜想準確性很高，這使得最近的她狀態有些不穩定。

　　在我們進行第一次諮商時，就能明顯看出她感覺人生卡住的癥結。她談到最近一次和生病的兒子麥克斯的爭吵。一開

始，她用「我那可憐的男孩」這樣的字眼，來描述兒子有多麼需要她，但後來，當她說到兒子老是要她做這做那的，忍不住情緒爆發。聽她的描述，我心裡設想麥克斯的形象應該是個不到十歲的男孩，而夏麗則是個凡事全力以赴，但已經超過忍耐極限的母親，可是當她提到自己有次衝出兒子家門時，我頓時愣住了。

我對於夏麗的猜測正確無誤，但對於她兒子，我完全猜錯了。她的兒子不是兒童，而是一名年約二十五歲、正在攻讀物理學碩士學位的研究生。四年前，麥克斯就離開家、搬到隔壁鎮上獨立生活，他還是當地攀岩中心的會員。等我大致釐清狀況後，我和夏麗繼續對話。

夏麗說六週前，麥克斯罹患重感冒，身體很不舒服，於是她「和以往一樣」去他家照顧他。她替麥克斯打電話給醫生；去超市買東西裝滿他的櫥櫃（雖然她每週都會這麼做，但她覺得還是應該再買一點）；在他睡覺時為他洗衣、打掃房間。結果，當麥克斯醒來之後，不但沒有感謝她，反而叫她再去超市購買其他東西。這讓她非常憤怒，並回應：「你不管媽咪有多疲倦、是不是還有別的事要做，你從來就不關心我⋯⋯。」

麥克斯聽了很驚訝，但夏麗繼續滔滔不絕，說麥克斯需要振作起來，該學會好好照顧自己。麥克斯開始為自己辯解，這讓她氣得大吼：「下次你身體不舒服，就別打電話給我了。你要學著自己長大，到現在，你還需要我幫你做所有的事，實在是太可悲了！」然後，她便怒氣沖沖奪門而出。

幾天後，夏麗打電話給麥克斯道歉。麥克斯的聲音聽起來很沮喪，他說家裡沒剩什麼食物，從她衝出去後，自己就一直在挨餓。夏麗內疚極了。她問自己為什麼這麼生氣？為什麼要衝出門？現在兒子肚子這麼餓，全都是她的錯。於是她取消和客戶的預約，急忙趕往超市購買更多物資。

這件事如實呈現出夏麗在許多方面的生活縮影，也能說明為什麼她經常做出連自己都無法理解的行為。她陷入戲劇三角的陷阱：夏麗扮演拯救者，麥克斯扮演受害者。他們會陷入這個模式其實不難理解。麥克斯小時候身體非常不好，所以夏麗必須一直陪在他身旁，即使麥克斯長大了，這種相處模式仍未改變，就好像他們仍然停留在早期的角色裡，或許這也能解釋我當初會誤以為夏麗口中的兒子，一定是個年幼的孩子。毫無疑問的，夏麗是一位慈愛的母親，但正因為她不斷的付出，直到耗盡自己所有心力，最後感覺自己被利用了，因而情緒爆發，並從拯救者的角色轉變成受害者。

夏麗的故事值得我們深思。無論一開始你扮演的是戲劇三角裡的哪個角色，只要扮演的時間夠久，最終會覺得自己成為受害者，這也是戲劇三角又被稱為「受害者的三張面孔」的原因。拯救者會因為自己的努力沒獲得認同而感到惱怒；迫害者則會因為別人沒有遵循他們的指示，因而同樣感到惱怒。你過去是否也曾發生過類似的事？也許是因為你的伴侶從不整理房間，這讓你感到憤怒（迫害者），而又因為打掃的人總是自己，而讓你感到傷心（受害者）。又或者，你是一個從不整理

房間的人（迫害者），當伴侶對你發脾氣時，你不願承擔責任（這是擺脫戲劇三角的辦法之一）。時間一久，當自己老是被責罵時，你漸漸覺得自己是個受害者。

當我引用戲劇三角模型和夏麗討論她所扮演的角色後，她開始意識到，儘管她的出發點是好的，但不斷幫助麥克斯，只會削弱他培養成年人該有的能力，只要麥克斯沒有機會學習如何照顧自己，這個循環就永遠無法結束。當夏麗以「可悲」形容麥克斯時，她甚至扮演著迫害者的角色。而夏麗和兒子發生爭執後向他致歉，也只是期待盡快恢復自己和兒子扮演的角色：媽媽扮演拯救者，兒子則繼續當受害者，卻沒有試圖透過對話，解決他們關係中的平衡問題。

當我們經常陷入戲劇三角模式時，我們總會找到一種方式，讓自己回到最習慣的角色。麥克斯並非有意操控他人，但經過母親多年來無微不至的照顧後，他已經學會不再信任自己的能力。對於夏麗和麥克斯這對母子來說，扮演各自的角色為他們帶來好處，因為這會鞏固他們之間的關係：夏麗感到自己被需要，麥克斯感到自己被照顧。但現在，他們需要找到另一種表達愛和關懷的方式，使兩人相處融洽，同時鼓勵麥克斯自力更生。為了打破兩人過去的互動循環，他們需要在沒有預設立場的情況下，重新認識自己扮演的角色，並共同努力增進對彼此的信賴。這是一段緩慢而漸進的過程，卻能大幅改善他們的關係。

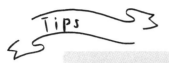

☺ 學會辨識你在戲劇三角的角色轉換

★ **回想最近一次你和親戚、朋友或同事發生的爭吵或衝突**：寫下這件衝突涉及的人名，是二個人，還是多於二個人？一開始發生衝突時，你們各自扮演戲劇三角中的哪一個角色？你是指正他人的那個人（在這種情況下，你可能是迫害者或拯救者），或者你是被他人指正（在這種情況下，你可能是受害者）？接下來發生什麼事？這件衝突為你帶來怎樣的感覺？衝突結束時，你是否覺得自己是受害者或是其他角色？這個經驗是否證實你對人、自己或這個世界的哪個信念？

* **回想一個在你的人際關係中總是反覆發生的衝突：**套用剛才完成的練習，試著回答下列問題：

  1. 這個衝突的發生有固定模式嗎？你是否扮演戲劇三角中的某種角色，並在某個時間點轉成受害者，還是你曾直接解決問題的核心？

  2. 如前面所討論過的，你是否為家中排行居中的孩子，感覺自己時常受到忽視？你是否長期扮演拯救者，以至於家人早已習以為常，讓你感覺自己像是沒人在意的受害者？你是否曾告訴家人你的真實感受，並要求他們多關心你？或是你會扮演迫害者，找機會就想批評他們？

  3. 假設你和配偶的婚姻問題總是依靠朋友調解，一旦朋友表示不願介入，你就對對方感到失望，認為這代表他們其實並不關心你們？若是如此，你是否能找到其他方式來解決你的婚姻問題，還是你不時就會批評起朋友？

  4. 如果你有一位要求嚴格的同事，他的諸多請求總是讓你焦慮，你是否會與他設定人際界限，說明在有限的時間內，你可以做什麼、不能做什麼？還是你開始向其他團隊成員抱怨這個人有多麼糟糕？

以上四個問題請誠實作答，沒有人會看到你的答案。一旦你辨識出自己的角色扮演模式，仔細思考並決定你可以採

取什麼措施，來擺脫自己扮演的角色。如果你不確定如何進行練習，先讀完本章再返回此處，繼續完成這個練習。

非蓄意的心理遊戲

　　擺脫戲劇三角的第一步，就是學會分辨你正在扮演的角色，以及確認你是否自願擔任這個角色。為了徹底打破這個循環，下一步，我們需要探究那些蒙蔽我們、讓我們看不見自身處境的因素。

　　當我們陷入戲劇三角一段時間後，為了確保可以扮演我們最喜歡的角色，並獲得自己（潛意識中）想要的結果，我們可能會開始玩一些具有固定模式、而且可預測結果的心理遊戲。我們可能不會意識到自己正在玩心理遊戲，如果我們清楚意識到自己的內在動機和行為模式，也不會選擇玩這些遊戲。這些心理遊戲會創造或重演生活中的戲劇事件，讓我們在困境中愈陷愈深。

　　我們之所以玩心理遊戲，並非為了娛樂，而是在滿足我們無法明確意識到的內在需求，或是當我們認為向別人提出某種要求時，對方可能會無法接受。美國精神科醫師艾瑞克・伯恩（Eric Berne）在《人間遊戲》（*Games People Play*）中提出「心理遊戲」（game）的概念時，他引用一個許多人都能理解的例

子，尤其是家有孩子或年幼手足的人。

這個例子是這樣的：當家中一個孩子生病時，另一個孩子會突然說：「我也覺得不舒服。」但你很清楚，後者其實根本沒有生病。這就是一種心理遊戲。這個年幼的孩子（我們暫且稱他為「吉米」）希望得到父母的溫柔照顧，因此決定啟動這個心理遊戲。為什麼呢？這可能是因為他知道，如果他對父母說：「不公平！我也想要被這樣對待。」一定會遭到斥責，也可能是因為，他其實不知道自己到底要的是什麼，只知道不管如何，自己都想試一試。

無論我們玩的是哪一種心理遊戲，通常玩的原因在於：

✓ 不想（或不知道如何）直接溝通自己想要的事物。

✓ 渴望獲得別人的關注，卻又不想主動開口要求。

✓ 想用一種迂迴、不明說的方式與別人建立親密感。很多人認為，向別人表露親密的需求，會讓對方覺得我們太過依賴。

✓ 想要避開讓我們覺得不舒服的事。

✓ 無意識的重複舊有模式。

✓ 想要填補社交生活的大部分時間，而玩心理遊戲能讓我們感到強大、被需要，或單純想要轉移自己的注意力。

✓ 重現我們年幼時期的生活經驗。

讀完上面的清單，你可能會想，既然心理遊戲並不能讓我們更快樂，為什麼我們還堅持要玩？原因在於，有時我們寧可和自己在意的人進行負面的互動，也無法忍受和他們完全沒有互動；再加上，我們會因為某些行為模式導致某種結果而感到安心，即使那樣的行為會帶來負面的結果也無所謂。此外，對於許多人來說，直接向別人表達內心需求是件困難的事，或是他們根本不知道自己想要什麼，甚至根本不知道自己已經被拉進一場心理遊戲中！

然而，並非所有的心理遊戲都是有害的，只是如果玩得太過頻繁，容易使我們深陷困境，無法自拔，不但心理需求得不到滿足，還會讓我們在人際關係中挫折不已。就像之前提到那個說自己也不舒服的小朋友吉米的例子，像這類的心理遊戲不會對任何人造成傷害，被動參與遊戲的成年人只會認為，這不過是孩子向大人表達渴望被照顧的一種方式，並給予相應的回應。然而，如果孩子的心理需求不被大人理解，日後像這樣無害的心理遊戲就可能經常反覆的出現，讓孩子開始相信，如果不生病就得不到父母的關心，進而形成非常危險的惡性循環。

心理遊戲經典案例

為了幫助你了解自己曾經玩過的心理遊戲，我先列舉兩個經典的案例（其他案例我們會在本章其餘部分討論）：

心理遊戲一：「你為什麼不⋯⋯？的確，但是⋯⋯」

你是否曾向朋友訴說你遇到的困難，這個困難也許是發生在職場中，或是你和朋友起了爭執。然後，你的朋友沒有傾聽，沒有表示同情，而是直接介入、提出建議：「你為什麼不⋯⋯？」你聽完以後回答：「的確可以試一下，但是⋯⋯（列出這個建議行不通的無數個理由）。」你的朋友回應：「我懂了，那麼你為什麼不⋯⋯？」你又回答：「對，我的意思是我可以，但是⋯⋯。」

這就是心理遊戲：「你為什麼不⋯⋯？的確，但是⋯⋯」（Why don't you . . . ? Yeah, but . . .），這樣的對話一來一回持續進行，直到你們兩個都感到非常沮喪：你覺得自己受到朋友誤解，並因為朋友無法同理你而感到不快，而你無法找到解答來因應當下的困境，又再次印證事實確實如你所想像的那樣困難（「我就知道，沒人可以幫我」）；你的朋友則感到困惑、沮喪，因為不管他們建議什麼，對你來說似乎全都行不通。

透過這個例子，我們可以清楚觀察到，當我們處於這種情況時，可能沒有意識到自己內心真正的期待，其實是朋友對自己說：「哇！這對你來說真是太不容易了，我聽完也覺得好遺憾。」我們心裡並不希望獲得他人的支持或同情，因為那會讓自己看起來像個受害者。因此，我們偷偷發起一個心理遊戲，希望朋友能讀懂我們的思緒，給予我們想要的回饋，但它最終卻鞏固我們覺得現況毫無希望的最初立場。

然而，這個心理遊戲並不總是由有困擾的人所發起。有時

候，當我們與朋友分享感受，卻無意間觸發他們內心的拯救者角色，即便沒人要求他們，他們卻主動試圖拯救我們。如果我們意識到正在發生的情況，對他們說：「其實我只是想要抒發內心的感受，還沒做好尋求解決方案的準備。」就可以避免讓這個心理遊戲繼續發展下去。然而，如果你發現自己開始反駁朋友提出的每個建議，你就已經陷在這個遊戲裡，只是這個遊戲並非由你發起。

我們會被提供機會讓我們扮演最喜歡角色的人所吸引，也會被願意玩某些特定心理遊戲的人所吸引。例如玩「你為什麼不⋯⋯？的確，但是⋯⋯」心理遊戲的人，經常會遇上喜歡玩「我只是想幫忙」心理遊戲的人，因為當扮演拯救者的人在感到不滿或沮喪時，便會從拯救者角色轉換為受害者角色。

這個心理遊戲不僅在情緒掙扎時出現，事實上，它在任何情況下都有可能發生。例如：你向朋友展示一件自己的作品，結果他們開始七嘴八舌的提建議；或者，當你拿起這本書閱讀時，書中內容都讓你覺得：「的確是這樣沒錯，但是這對我來說行不通，因為⋯⋯」。如果你也曾發生這樣的情況，請你捫心自問，這些建議是否真的全都行不通？還是你真正尋找的是一個讓你感到平靜、安心的聲音，對你說：「你知道嗎？有時生活真的就是這樣糟糕！」如果這才是你真正想要的，我會這麼對你說：我希望你能夠好好休息，並受到生命中所有人的善意對待。

心理遊戲二：尋找瑕疵

你是否曾因為嫉妒別人或因為與人比較，因而感到不快，內心卻又不肯承認，轉而對別人吹毛求疵？所謂「尋找瑕疵」（Blemish）這種心理遊戲，是指當我們感到自己「不如人」或沒有安全感時，為了處理這種負面情緒並讓自己感覺好一點，我們便在無意間扮演起迫害者角色，試圖尋找他人的瑕疵。在上一章我們曾討論到，在許多國家盛行的高罌粟花症候群，就是此種心理遊戲的最好例子。

將注意力放在對方的瑕疵上，能讓我們避免承認內心真正的感受，也可能是與他人建立連結的一種方式。到目前為止，我們只是以負面的方式談論吹毛求疵這件事，但如果我們足夠誠實，就不得不承認，有時和別人一起說其他人的壞話，確實會在大家點頭稱是時，拉近彼此的距離，甚至還會從中產生一點點優越感。

然而，尋找別人的瑕疵這種心理遊戲，不僅會造成人際之間的裂痕，讓我們忽視自己的真實感受，還會阻礙世代之間的交流，使社會成員彼此疏遠。例如，有些人上了年紀後，開始對年輕人產生不安全感，或許是因為他們認為下一代沒有將他們放在眼裡，因而對年輕人玩起尋找瑕疵的心理遊戲（他們會說：「難怪千禧世代買不起房子，他們把錢全都花在吃美食、喝昂貴咖啡上了！」）。這種情形往往是雙向的，年輕一代也會回應：「嬰兒潮世代老愛批評我們的財務狀況，可是他們卻拿到我們永遠都領不到的養老退休金。」當老年人認為年輕人

全都不愛工作或只想做輕鬆工作，而年輕人認為老年人就是古板守舊，這種不斷想證明誰占上風的心理遊戲，不但阻斷世代之間相互學習的機會，也往往掩蓋雙方對於年齡的歧視與害怕被評判的恐懼。

　　將目光聚焦於他人的瑕疵，還會讓我們逃避為自己感到羞恥的行為承擔責任。例如，如果有人告訴你做錯了某件事，你可能會基於自我防衛，而向對方說：「對，你最厲害，一點錯都不會犯。」接著，開始列出你能想到對方所有不完美之處，即使都是些毫不相關的小事。尋找瑕疵的心理遊戲雖然短期內讓我們免於承受痛苦情緒的困擾，卻成為我們在解決問題、個人成長和人際關係上的一大障礙。

> ● 當我們玩同樣的心理遊戲時，這些遊戲會強化我們的負面信念和人生劇本。
>
> ● 心理遊戲雖能讓我們在短時間內自我感覺良好，卻會妨礙我們的人際關係，以及尋求或意識真實需求的能力。
>
> ● 直接說出正在發生的事或你希望接下來發生的事，就能幫助我們立刻退出心理遊戲。例如與朋友直接把話說清楚，或暫時先離開現場。

責備心理遊戲

許多人之所以會陷入戲劇三角，可能是受到捷思偏誤和過去玩過的心理遊戲所影響，以為問題出在他人身上，導致我們經常看不見自己的問題。

你聽說過「基本歸因謬誤」（fundamental attribution error）嗎？是指我們傾向於將自己的行為歸因於外在情境和背景，而將他人的行為歸因於內在性格。舉例來說，如果我們上班遲到，我們可能會說是因為路上塞車，可是當我們與人有約，而對方遲到了，我們卻會認為對方不夠尊重我們。這意味著我們對自己比對別人更寬容。

這也是媒體搏人眼球的一種方式，在報導人們犯錯的故事時，傾向於將主角寫成一個大笨蛋。媒體相當熱愛戲劇三角和心理遊戲，因此，當我們閱讀媒體報導時，必須留意這種說法可能只是事件的單一面向；而正如我們曾在第二章討論過的，同時也要對媒體定位故事主角的方式格外留心。

因此，當我們發現自己被拉進一個要我們相信某人是「壞人」的心理遊戲時，我們需要審慎思考：第一、我是否對那個人感到不安、生氣，或在某些方面感到自己不如人，而準備玩尋找瑕疵的心理遊戲？第二、我是否對他們做出我不會套用在自己身上的假設？

在善惡不明的情況下，我們應該要用對待自己的方式去善待他人。關於這點，我發現「漢隆剃刀原則」（Hanlon's razor）

頗能帶來啟發，這個原則的意思是「能解釋為愚蠢的，就不要解釋為惡意的」；換句話說，許多「不良行為」其實都只是人們無意識犯下的錯誤。然而有一說一，並不表示你應該盲目相信每個人都是百分之百的好人。

就像我們在第二章中所提到的，基本歸因謬誤是一種認知偏誤，而非心理遊戲。但確實有一些心理遊戲，會讓我們以類似的方式責怪他人。

心理遊戲三：「看看你讓我做了什麼」
心理遊戲四：「要不是因為你」

還記得我們在第一章提到試圖戒酒的莎曼珊嗎？她需要的不只是消除觸發酗酒的因素、想出抒發壓力更健康的方式，還必須應付兩個使自己陷入困境的心理遊戲：「看看你讓我做了什麼」（Look what you made me do）及「要不是因為你」（If it weren't for you）。

莎曼珊在諮商過程中曾多次回憶到朋友惹惱她的事，並以此做為喝酒的藉口，說道：「看，都是他們逼我的。」一開始，莎曼珊隱瞞戒酒計畫的真正原因，並非如初次諮商時所言單純是為了保護隱私，而是藉此為自己創造機會，發起一個對自己有利的心理遊戲。她告訴朋友：「要不是因為他們，我早就戒酒了。」這意味著除非她的室友也戒酒，否則她無法成功戒酒。這種心理遊戲非常普遍，可以讓我們將自己該付的行為責任轉移到其他人身上，就像莎曼珊不用承認自己只是單純想喝一杯。

後來莎曼珊成功戒酒，她開始願意對自己的行為負責，並認真執行我們在第一章討論過的戒酒步驟。在此同時，有些心理遊戲卻開始出現在她的新生活中。

有一天，莎曼珊正不甘不願的為剛結束的三小時 Zoom 線上會議寫紀錄。突然，她的伴侶滿臉笑容的走進書房，想詢問她晚上想吃點什麼。然而，因為伴侶的打岔，「讓」莎曼珊不小心刪除剛剛在電腦上輸入的一大段文字，她立刻憤怒大喊：「看看你讓我做了什麼！」她的伴侶感到既困惑又不安，立刻走出房間。等莎曼珊的怒氣消退後，她想起剛才自己喊出那句熟悉的話語，開始懷疑自己真的是因為被打岔而感到惱火，或是又玩起她曾玩過的心理遊戲。她發現自己還沒學會為自己的時間和空間設立界限，因此沒有先告訴伴侶一小時內不要來打擾她，而是將自己犯的錯誤任意歸咎在伴侶身上，並試圖趕走對方。

一個月後，莎曼珊完成第二章的價值觀練習，滿心期待一個以價值觀為驅動力的新生活。她打算找一份新工作，學習一門新語言，並到國外渡假。但過沒多久，她似乎開始玩起另一個心理遊戲：「要不是因為你」，她說：「他不想做那些事，所以我也沒辦法去做。」為什麼莎曼珊覺得自己勢必會受到伴侶的影響，因而無法獨自完成這些計畫？她明明可以獨自完成的。

有時候，當我們（有意識或無意識的）害怕去做自己說過要做的事情，就會玩起「要不是因為你／他們」的心理遊戲。

對莎曼珊來說，她想嘗試新事物，卻又同時為此感到害怕，她心想：「如果失敗了，我該怎麼辦？」為了讓一切維持不變，於是把責任推到伴侶身上。只不過，她可能根本沒有意識到這一點。

現在，我們已經知道「要不是因為你」心理遊戲是為了迴避內心的恐懼，也知道它是另一種自我破壞的形式。接下來，我們要以第二章列出的步驟為基礎，制定一個行動計畫：辨識恐懼、將恐懼放入試驗、遵循「假如……」恐懼，一路推演至最後會發生的結局，再設置行為實驗來測試理論，逐步增強面對恐懼的勇氣。詳細步驟請參閱本書附錄練習三。

很多人是在沒有意識到的情況下玩心理遊戲，尤其是當別人或環境限制我們時，更讓我們難以察覺心理遊戲的存在。舉例來說，剛成為新手父母的你需要額外的支援，才能培養一項新嗜好，或是你正處在一段對方控制欲很強的關係中，對方並不支持你做出獨立的選擇。因此，學會清楚辨識障礙究竟存在於我們自身或是現實世界裡，是非常重要的練習。

責備他人的心理遊戲不只會讓我們陷入困境，沉溺在扮演受害者的角色中，不願承擔問題的真正責任，還可能強化「事情永遠不會改變」或「人際關係是我的絆腳石」之類的信念。它還讓我們相信自己是被動的、無可指責的，需要改變的是別人，不是自己。例如當我們不想做決定時，可能會將決定權交到他人手上，如此一來，萬一這個決定是錯的，我們只要輕鬆的說：「看看你讓我做了什麼」就好，什麼責任也不必負。在

這種情況下，我們就是在創造一個玩責備心理遊戲的機會，並強迫對方扮演迫害者的角色。

Tips

- 心理遊戲會讓我們相信，問題都出在別人身上，使得我們沒有意識到自己是如何將自己拖進困境裡。

- 「看看你讓我做了什麼」和「要不是因為你」是兩個經典的心理遊戲。在日常生活中，我們經常是在潛意識下進行這類心理遊戲。在最極端的情況下，施虐者可能會藉此來壓迫受害者（例如：指責受害者「讓人抓狂」，所以才會對他施暴）。

- 如果你不確定誰該為衝突事件負責，請採用第三章的建議，先假設雙方各負一半責任，然後尋找證據來支持這一點。

☺ 你被心理遊戲卡住了嗎？

* **回想你一個你參與過心理遊戲的經驗**：它發生在何時？為什麼會發生？如果你一時想不起來，可以想想你最近感到悲傷、困惑、不解或憤怒時，當時的你是否參與某種心理遊戲？你是否曾認識一個很棒的人，你沒有試著去了解他，或思考他的存在會令你感到不安的原因，反而告訴大家他看起來很傲慢，並親手破壞與他建立關係的機會？你是否曾透過幫助他人來讓自己顯得有用，因而忽視對方真正需要的是另一種支持？當對方不接受你的建議時，你會生氣的表示：「我只是想幫忙。」你是否在無意間製造事端，或將發生的意外歸咎於他人，逼得他人不得不自動離開？

* **回到那張你想要養成新習慣的行動清單（附錄練習一），問問自己是否有任何心理遊戲會妨礙你的行動**：例如，你是否曾說過：必須等別人也準備好，你才能開始行動，即使實際上只有你自己也能完成（儘管結果略有不同）？你是否曾和別人分享一件你很想做的事，可是當別人提供你建議時，你會找出成千上萬個理由來表示那些建議都行不通？如果上述答案為「是」，你可能正在玩心理遊戲。那麼，你真正需要的是找到方法，

來控制你獨自做某件事的恐懼，或者告訴你在乎的人最近面臨的困難，向他們尋求情感上的支持。當你意識到自己在玩心理遊戲，請考慮這個遊戲被啟動的真正原因，以及你可以採取哪些措施，讓你的新習慣養成計畫付諸實行。如果你不確定自己玩心理遊戲的背後原因及意義，請不用擔心，我們會在下一節幫助你解決這個問題。

—————— ✦ ✦ ✦ ——————

一種遊戲，多種原因

現在，你已經初步了解戲劇三角和一些常見的心理遊戲。下一步，我們要探究驅動人們玩心理遊戲的原因。探討過程中有可能會讓你覺得有點敏感，在此先事先提醒。

心理遊戲五：「我總算逮到你了，你這個混蛋！」

曾經有段時間，我的診所裡有五名個案都在玩同一個心理遊戲，那是一種沒人願意承認，但我們都曾玩過的遊戲，即便玩的原因各不相同。這個遊戲就是「我總算逮到你了，你這個混蛋！」（Now I've Got You, You Son of a Bitch），指的是一個人將對方逼到退無可退的地步，然後當對方做出反應，便正中那人下懷。如果有人想拉著你玩這個心理遊戲，請容我給你

一個小建議：唯一的方法就是拒絕配合、轉頭就走。

你曾遇過總是以刻薄言語去挖苦別人，試圖引發爭端的好戰分子？我有個個案就是這樣的人。他來接受治療，是因為他身邊的人一再告訴他，他有情緒控管問題。但他不以為然，他認為自己只是在找樂子。每當他參加社交活動，聽見大家討論起某個熱門議題時，他就會故意拋出像是「性別歧視是虛構的」或「5G訊號會讓你得腦癌」之類的爭議性話題。如果沒人接話，他就會放大音量，說一些具高度爭議性的話，或引用他讀過的研究文章，使盡一切手段，直到有人受不了跳出來指責他。在終於有人做出反應的那一刻，他高興極了！（「我總算逮到你了」）。他覺得他贏了！

雖然他說自己這麼做，只是為了好玩，然而，在我們真正深入了解之後，卻發現他其實很擔心別人比他聰明，他害怕受到忽視，所以必須找到一種可以同時滿足這兩種需求的辦法。他確實想要親近他人、獲得認同，但不認為自己能夠開口表達這種需求，所以玩起這個心理遊戲，好讓大家聽他說話。不幸的是，刺激人們將注意力放在他身上的行為，反而讓所有人都不想和他交談，並且認為他一點都不聰明，因為他運用的爭論技巧是恐嚇別人和大喊大叫，而非傾聽和辯論。結果這個心理遊戲反而證實他最擔心的事，如同之前我們討論過許多人的行為一樣。

我的另一位個案珍珍，則是為了解決婚姻問題而前來諮詢。她對丈夫非常不滿，覺得丈夫所做的一切都令她惱怒。例

如，她要求丈夫整理帳單或洗衣服，但他從未好好完成這些工作，或者至少不如她做得那麼好；當他們舉辦派對時，他接待客人的方式不夠周到細緻，達不到她想要的標準。總之，她發現自己無時無刻在告訴丈夫又做錯了什麼，他們的關係中很多問題都和他做事做得不夠好有關，於是她總是會毫不客氣的直接指責他。雖然珍珍所說的這些例子聽來有點惱人，但就連珍珍自己也承認，這些其實都是些並不嚴重的小事，然而她所爆發的怒氣卻遠超過應有的程度。

經過更進一步的談話後，我得知珍珍的丈夫在幾年前有過外遇。他們決定維持婚姻，珍珍覺得她可以選擇原諒與遺忘這件事。然而正如你所想的，這件事說起來容易，做起來難。她始終不能原諒丈夫的外遇，卻無法表達心底的怒火。於是表面上，珍珍的怒火消散了，實際上，她在潛意識裡等著他犯錯，一旦他犯了錯，就藉機宣洩多年來的憤怒，上演「我總算逮到你了」的劇本。

我的另一個案同樣是一對已婚夫婦，他們希望能更好的溝通方式，改善陷入困境的婚姻關係。有次在診療室裡，丈夫詢問妻子一切還好嗎？妻子回應說她很好，但過了一會兒，丈夫又問：「你還好嗎？」妻子再次點頭。幾秒鐘的沉默後，丈夫說：「你其實不太好吧？我看得出來！」妻子沮喪的睜大眼睛說：「我剛剛說過我沒事，不是嗎？」這時，丈夫立刻激動說道：「我就知道你在生我的氣，只是你沒有告訴我。」原來他擔心妻子生他的氣，但又覺得不能直接問，而他玩的心理遊戲

又好像證實了自己的猜測。長期之下，這種互動模式更加使得兩個人都感到沮喪，無法在關係中取得任何進展。

我還有一個個案是個激進人士，總是關注任何遭到社會不公對待的新話題或熱門新聞。她不但主動了解狀況，甚至認為自己有責任找出那些「覺醒」不夠、「需要教育」的人。她會主動與人們談論時事，不斷拋出她當天才看過的統計數據，直到對方表示他們根本連聽都沒聽說過。每當這種狀況發生時，她會表示震驚，並且讓對方因為不像她知道的那麼多而感到羞愧。她真心相信自己是在做好事；不幸的是，這些對話根本沒幫助到任何人，而一旦有人當場指出這一點，她肯定會認為自己被冒犯了。在這個案例中，她同樣在玩「我總算逮到你了，你這個混蛋！」這個心理遊戲，動機其實是為了掩蓋她擔心自己做得不夠好，直到她能證明自己確實比其他人更有道德感、做得更好。

上述這些個案都是出自同一種心理遊戲衍生出的不同變體，然而每個個案所需要的解決方案卻非常不同。第一個個案需要的是，人際關係及自我價值上的支持；第二個個案需要的是，從外遇對自己的影響中獲得真正恢復的空間；第三、四個個案需要的是努力進行有效的溝通；最後一個個案一旦意識到自己一直在玩的心理遊戲和背後原因，就會發現她其實不需要任何進一步的支持，因為只要明白自己的拯救者傾向，就足夠幫助她擺脫這種模式。

想要擺脫負面習慣和心理遊戲，我們先必須了解我們的願

望和需求，以及潛藏在表面行為之下的東西。例如：當你發現自己和他人發生衝突時，你真正想要的是什麼？難道你真的會為了被人惹惱就堅持自己的立場嗎？還是你想要某人改變你不喜歡的行為？是不是他們身上有什麼地方讓你感到不舒服，像是他們讓你感到軟弱或不如人，或者他們看似是受害者，而你無法面對自己是迫害者？當我們找出隱藏在表面下的真相，才能夠好好解決問題。

你也可以透過觀察不同的心理遊戲背後共同的驅動因素，幫助自己推測出驅使你加入心理遊戲的原因。舉例來說，我們經常會玩「你為什麼不……？的確，但是……」和「要不是因為你……」的心理遊戲，是為了獲得對某件事的保證；以及，我們經常玩「看看你讓我做了什麼」、「要不是因為你……」和「我只是想幫忙」的心理遊戲，是為了擺脫內疚、責備或懷疑的感覺；又或者，我們經常玩「尋找瑕疵」或「我總算逮到你了，你這個混蛋！」的心理遊戲，好讓自己感覺強大、有控制力，或者發洩壓抑的憤怒情緒。

如果透過這些思考，還是無法釐清是什麼因素在驅使你，不妨想一想，大多數心理遊戲的主題都圍繞在權力、愛和關懷這三者上。所以，當你開始玩心理遊戲時，問問自己，你是否對某些方面感到無力。若真是如此，為什麼？你是否在某種程度上感覺不到「被愛」；若真是如此，為什麼？你是否因某種原因在生氣；若真是如此，為什麼？寫下任何與你所處情況有關的內容，想到什麼就寫什麼，這可以幫助你判斷隱藏在表

面下的感受，就像長期寫日記一樣，可以讓你看出在遇到爭執時，是否已經養成某些特定的習慣。一旦確定自己的感受與需求，再決定你可以如何解決這些問題。另外，我認為你應該要知道：有的人玩這些心理遊戲純粹只是因為他們無聊。他們去捅馬蜂窩，無非就是想引起騷動，製造惹事生非的機會。沒錯！就是這麼極其無聊。

到底誰才是混蛋？

* **請回想從前你玩過的心理遊戲：「我總算逮到你了，你這個混蛋！」你為什麼會這麼做？當時的你是否欠缺些什麼？** 也許當你看到某個名人做出一些令人尷尬的事，你會獲得「原來你也沒那麼特別，不是嗎？」的快感；也許你不喜歡某些同事，於是你冷眼旁觀，等著看他們犯錯，這樣就有理由可以埋怨他們。想一想，你玩上述心理遊戲，是因為擔心自己可能不如他們嗎？若是如此，你是否願意回過頭細讀第三章的內容，試著重新建立你的自尊或其他有關自我的信念？還是你這麼做有其他原因？沒有人會知道你的答案，所以請不用擔心有人會批判你，請仔細思考，為自己的行為負責。

回想任何一次與他人一起玩上述心理遊戲的經過。請探究玩心理遊戲的潛在原因，並思考如果再次出現同樣情形，你打算如何解決：每個人都難免會玩心理遊戲，但意識到我們被拉進別人的劇本裡是相當重要的，這對於維持我們的心理健康和人際關係更顯重要。例如，有人試圖激怒你，挑起吵架的爭端，當你妥協時，對方顯得異常興奮，那麼他可能就是在玩心理遊戲五。這時你要想一想，他們是否因為某件與此事完全無關的事而生氣，卻無法開口告訴你，所以才會這麼做？那麼當下回再次發生這種情形，你可以直接對他說：「我覺得你好像故意要找我吵架，但我不確定為什麼。你能告訴我是什麼原因讓你生氣？也許是我讓你感覺被拒絕？我真的很想知道。」或者正如之前所提到的，你可以選擇先離開現場一下。

如果有人開始在你面前批評別人，並試圖將你拉入貶低他人的閒聊中，這可能是因為他們對於別人的某些事感到不舒服，因而玩起「尋找瑕疵」心理遊戲。如果這種情況再次發生，你可以運用蘇格拉底的三重過濾測試，或是對他們說：「其實，我認為這個人真的非常厲害！雖然有時我會因此而感到有些不安，不過後來我想通了，我可以為他人的成就而感到高興，並將其視為對自己的鼓舞。他人的成功並不意味著我是個失敗者。」你也可以這樣說：「我不想陷入貶低其他世代的陷阱，因

為我懷疑這麼做的真正動機，其實是出於恐懼。」如果你可以，甚至可以用拒絕參與或沉默以對，來抵制心理遊戲。

◆ ─ ◆ ─ ◆ ─ ◆ ─ ◆ ─ ◆ ─ ◆ ─ ◆ ─ ◆ ─ ◆ ─ ◆ ─ ◆ ─ ◆ ─ ◆ ─ ◆ ─ ◆

反 轉 戲 劇 三 角

　　想要擺脫人際關係中的困境，需要清楚意識我們何時以及為什麼會製造出我們參與演出的戲劇事件。這同時牽涉到我是否了解他人的行為模式。雖然我們可以選擇退出心理遊戲，並且指出別人在他們生活的衝突中所扮演的角色，但說到底，我們只能為自己的行為負責。即使你盡最大努力擺脫戲劇三角，你可能還是會看到其他人堅持繼續玩心理遊戲，因為他們尚未意識到自己的行為動機。然而根據我的經驗，大多數情況下，當身在遊戲中的某個人不再對時常上演的戲劇做出回應，就好比從火中移除燃料，時間久了，火焰自然就會熄滅（關於我們的行為會對周遭的人所產生的影響，我們會在下一章進一步討論）。

　　我們知道，為了擺脫戲劇三角和我們所玩的心理遊戲，我們不但需要保持自我覺察，還需要運用同情心和好奇心。我們需要認知到自己是好的，**而且**別人也是好的；我們有權為自己的人生做出適當的決定，**而且**別人亦是如此。如果我們經常扮

演迫害者或拯救者,我們必須承認,自己並不一定知道對別人來說什麼才是最好的,支持別人做自己和告訴他們該怎麼做,並不是同一回事。一旦我們確定自己在戲劇三角中的位置,下一步該思考的就是如何才能反轉這個戲劇三角。

美國作家兼領導力教練大衛‧沃梅爾多夫(David Emerald)創造出「賦能互動」(empowerment dynamic),幫助我們自信的選擇退出戲劇三角。他的模型為我們指引一條很好的路徑,讓我們學習從受害者變成創造者(給予解決問題的機會)、從迫害者變成挑戰者(從指責他人,轉為具建設性的表達自我需求和希望)、從拯救者變成引導者(避免過於依賴他人,促進相互間的健康關係)。本章最後,就要帶領你一步步走完這條改變之路。

從受害者到創造者

當我們想成為創造者時,我們必須相信自己的能力比我們認為的更好。我們必須特別小心,不要掉入像「你為什麼不……?的確,但是……」和「看看你讓我做了什麼」等心理遊戲的陷阱,並學會清楚表達自己內心的真實需求。擺脫「需要別人拯救我們」的想法,並為自己的作為負起責任,剛開始可能會讓你很害怕,這時請回憶你曾為自己做決定、起身執行某件事的那一刻。這就是證明你完全有能力自主決定自己想做什麼、未來要做什麼的強力證據。

☺ 成為創造者

* **停止貶低自己**：請跟我重複一遍：「我發現我比自己想像的更有能力。得到別人的支持固然很好，可是我不需要別人來拯救我。我可以承擔所有的責任、行動及風險。」

* **回顧你的價值觀清單，以及你之前所寫下，希望未來成為怎樣的自己和想要養成的新習慣**：在你對未來的目標旁邊，寫下在無須等待其他人介入的情況下，你可以採取哪些步驟來實現這些目標。如果你覺得有點難寫，請使用附錄的練習二「解決你的問題」來激發靈感。接下來，寫下可能妨礙你實現這些步驟的所有障礙，辨認哪些障礙是你自己胡思亂想的（像是：「我就是認為我做不到」），哪些障礙是真實存在的（像是：「你沒有足夠的錢來啟動那件事」）。對於那些你加諸在自己身上的障礙，試著挑戰你的思想，以更客觀的想法替換它們，並計畫如何解決這些障礙。

* **注意負面的自我對話，學會自我疼惜**：我們在第三章中曾討論過關於這點的做法，以及你該如何學會自我疼惜的一些技巧。如果你需要更多幫助，並希望尋找一些教導自我疼惜的有聲書，我建議你參考該領域的翹楚，克

麗斯汀・娜芙博士（Kristin Neff）的作品。

* **一步一腳印的建立自信：**設定一些你今天就可以開始執
  行的小任務，幫助你看到，只要下定決心，就可以完成
  任何你想做的事。我們很容易在邏輯上相信，自己面對
  恐懼的次數愈頻繁，就愈容易應對挫折和他人的拒絕。
  然而，如果你想要更加堅定的相信這一點，就必須採取
  行動，反覆向自己證明。

  　　如果你像前文提到的麥克斯一樣，總是讓媽媽插手生
  活瑣事，不妨列一張你可以接受別人幫忙的清單，然後
  從中選擇一個看起來自己最容易做到的事來做。而如果
  你和前文提到的夏麗一樣，沒有設定人際關係的界限，
  不時扮演起受害者的角色，不如今天就決定對某件事說
  「不」，或者將它委託給其他人。
  你選擇的行動不一定與你未來的希望直接相關，但目的
  只是在讓你明白，你有能力做任何在生活中想做的事。
  一旦你發現自己已經可以輕而易舉的完成這些步驟，請
  選擇更難一點的任務，繼續累積你的自信。如果你發現
  還有戲劇三角之外的原因導致你想避免進行這些任務，
  請返回第三章，並完成該章列出的活動。

* **即使其他人的行為會讓你擔任受害者角色，你還是可以
  變成創造者：**請思考：你可以直接和他們一起解決這個
  問題嗎？你能告訴他們你的感受和期望嗎？你可以設立

界限嗎？如果他們繼續傷害你，你能夠下定決心離開他們嗎？

從拯救者到引導者

想要成為一名引導者，意味著你必須真正接受「每個人都是具有自主性的獨立個體」（在少數特殊狀況下例外）；所謂的特殊狀況，是指當存在任何影響他們為自己的最佳利益做出決定的因素，例如沒有行為能力的人，必須由他們的照顧者（假設不是你）代表他們做出決定。引導者應該明白，適時的後退一步，並不代表你要放棄或拋棄他們，任由他們獨自苦苦掙扎，而是尊重他們獨立自主的能力，並協助他們發展承擔負責的工具。

在嘗試擔任引導者時，請特別留意「你為什麼不……？的確，但是……」和「我只是想幫忙」等心理遊戲，並仔細思考一個好的引導者會怎麼做。好的引導者會樂意傾聽，而不是立刻插手、提出建議。引導者會鼓勵別人勇於掌握行動的自主權，而不會為對方完成任務，並且會在對方犯錯和處境艱難時，鼓舞對方繼續前進。

﹏ 成為引導者

* **跟我重複一遍：**「我正在學習信任其他成年人能在這個世界上找到自己的路。我不需要牽著他們的手往前走，因為我們都可以做得很好。我正在學習我不需要靠著拯救他人，來彰顯自己的價值。」

* **判斷是否為問句：**當你認為有人在尋求幫助時，請仔細回想對方的話語是否帶著問號。如果沒有，則不一定要伸出援手。或者，你可以再次確認，詢問對方：「你是在尋求幫助嗎？」或者：「聽起來真不容易，你想和我談談嗎？」

* **如果你經常在別人的衝突中充當和事佬，請退出這個角色：**試著對他們說：「這件事聽起來很困難，你們認為接下來要怎麼做？」如果他們仍然試著想讓你繼續擔任拯救者，告訴他們你並不適合、也不會再介入他們之間。看看在你停止干預後，情況會發生什麼變化。有時候，只有拯救者消失了，才有機會發生正面的變化。

* **為你的時間和精力設立界限，並適時表達自己的想法：**在你為那些對你的幫助毫不感激的人感到沮喪前，就應該先這麼做。如果你需要情感上的支持，請務必開口請

求。不要假設別人一定知道你的掙扎，因為他們可能已經習慣你的付出，根本不清楚你的想法或感受。

* **了解你渴望拯救他人的動機：**例如你想幫助朋友，是為了消除當你看到朋友悲傷時心裡湧出的焦慮感。在這種情況下，你首先需要學會的是管理自己的情緒反應，然後才是詢問朋友是否需要你的支援。

從迫害者到挑戰者

要從迫害者轉為挑戰者，你需要特別留意「看看你讓我做了什麼」和「我總算逮住你了，你這個混蛋」這兩句話，並且學會以有效的（非侵略性）方式表達你的需求。如果你有挑戰他人假設和行為的需要，試著在不控制他人或攻擊對方人格的前提下達成目標，或是在不責怪人的情況下，為自己的行為和在爭執中選擇的角色負責。

☺ 成為挑戰者

* **跟我重複一遍：**「我知道批評或防禦令人難以抗拒，但我會找到更具建設性的方法，處理我的感受。」

* **承擔責任：**覺察你是否對他人產生優越感或進行批判，並在必要時向對方道歉。同樣的，如果你發現自己將對某件事的憤怒轉移到另一件事上，也可以向對方道歉。道歉不會讓你變得軟弱，反而顯示你是一個願意為自己的行為負責的成年人，也願意自我成長並花費心力在他人身上。

* **照顧好你的人際關係：**吹毛求疵並不是促使他人達成目標的最佳方式，輕蔑更是終結一段關係最快的方法。迫害者角色確實令人難以抗拒，但你想要的是當一個證明自己永遠是對的人？還是當個與他人建立密切連結的人？

* **聚焦在真正的問題上：**試著找出使你傾向於扮演批評者和受害者的動機。解決這個根源性問題，不要繼續玩心理遊戲。例如，你可以這樣說：「今天沒有接到你的電話，我心裡很難過，這讓我擔心你並不在乎我。」而不是大吼大叫的說：「你從來不打電話給我，你實在太自我中心了。」你可以扮演一個有效的溝通者，而非自悲

自憐的受害者。

* **設定你的界限：**學會在不玩心理遊戲或批評他人的情況下，對你不想做的事情說「不」。

最後一幕

這一章將近尾聲，我很好奇讀到這裡的你有什麼感受？你是否像我初次讀到戲劇三角時那樣，對書中的文字產生高度的防衛心？你是否準備好走出他人為你設下的戲劇場景？當你發現自己是在舞臺的聚光燈下，配合他人演出時，你是否有勇氣走下舞臺？不管你的答案為何，不管你是否贊同本書的內容，或者你還需要多一點時間慢慢消化，這都沒有問題。

讀完這章的你，也許會開始注意在你周圍正在上演的許多小劇場；又或許，你暫時還無法做到。也許你會直面你身處的戲劇三角，試著反轉這個三角。也許你要花上好幾天的時間，才會理清頭緒，發現自己早就迷迷糊糊的陷入戲劇三角，直到為時已晚。不管如何，請不要擔心。你是人。你會犯錯。陷入戲劇三角是很正常的。只要你覺醒了，絕對有足夠的時間修正它們。

第五章

歷史再現

History

「歷史不會重演，但總是驚人的相似。」

—— 馬克·吐溫（Mark Twain）

一九一八年至一九二〇年，西班牙流感在歐洲和美國奪走約一千七百萬至五千萬條命。[1] 為了終結這場大流行病，人們不得不戴上口罩、避免身體接觸，感染病毒者必須被隔離（對於歷經新冠肺炎疫情的我們來說，這些措施看起來是如此的熟悉）。

一個國家能否迅速控制疫情蔓延，與有效傳遞正確資訊及落實防疫行動的速度息息相關。西班牙流感疫情開始時，正值第一次世界大戰期間，戰爭阻礙正確資訊的傳播與行動，部分原因是資訊傳播管道遭到破壞，另一部分原因則受限於訊息受到審查管制，因為參戰國政府擔心，揭露疫情實際情況會自曝其短，影響強悍的國家形象。[2] 在這些因素的影響下，當時的防疫行動不僅做得太少，反應時間也太過遲緩。

時間快轉到一百年後，世界各地的公共衛生專家發現一些徵兆，擔心另一場大流行病可能即將發生。他們並不清楚發生的會是何種疾病、會有多致命、會在何時出現，他們只知道流行病恐將爆發，我們必須為此做好準備。那麼，為什麼當它真的來襲時，所有人還是準備得如此不足？幾個世代以來，明明已經積累大量能派上用場的流行病學知識，為什麼一旦真正面對它，我們卻表現得像是第一次踏上戰場的新兵？

這種現象的成因有很多，但關鍵問題在於缺乏明確資訊，

導致多數人對病毒嚴重性及傳染力的了解相當有限。許多國家直到疫情嚴峻、醫院人滿為患時，才開始認真實施隔離與遠距上班上學等措施。即使是二〇一九年被全球衛生安全指數（Global Health Security Index）評選為「應對大流行病準備最充分國家」的美國，情況亦是如此。

一個「準備最充分」的國家，為什麼會淪落到且戰且走的窘境？主要原因之一在於，每當執政者更迭，政府各部門人員也會隨之大幅換血，電腦被更新，資料被徹底清空。小布希總統任內已經制定《流行病防控國家戰略》（National Strategy for Pandemic Influenza），並組建一支團隊，隨時為最壞情況發生時待命。歐巴馬總統上任後，只保留少部分團隊成員，並在豬流感期間緊急組建一個臨時團隊。到了川普總統時期，則撤換所有生物防衛相關工作人員，並大幅刪減公共衛生預算，其中包括已編列兩億美元預算的潛在流行疾病早期預警計畫。於是，二〇一九年當新冠肺炎來襲時，我們從過去歷史中學到的所有教訓，早已如泡沫般消失殆盡。

為什麼我要以上述文字揭開本章序幕？因為它能夠完美說明以下事實：類似模式會在歷史中不斷再現，但人們往往不懂得從前人及自己犯下的錯誤中汲取教訓。換句話說，我們總是在重蹈覆轍。在本書的最後一章中，將探討世代之間不斷重複再現的行為模式，以及由此引發的人生困境。

你將發現，我們生活中經歷的許多困境，都和那些重複再現、早已不再適用於現況的模式脫不了關係。同時，你還會發

現，重複再現的模式在我們的人生中隨處可見，一部分原因是人類天生就會用重複行為來節省時間和精力，將生存機會最大化；另一個原因則是人類天生會受到熟悉事物所吸引，不知不覺中就像是看著劇本，直接扮演起自己最熟悉的角色。我們該如何遠離那些陳舊的陷阱，丟掉那些一無是處的劇本？這就得從問題根源下手了。

家庭劇本

「家庭劇本」（family scripts）概念是由心理學家約翰・拜恩霍爾（John Byng-Hall）提出，指的是我們在成長過程中所觀察和學習到的行為模式。這些劇本無處不在，從用餐時應該遵循的規範（例如該坐在哪個位子、該遵循的用餐禮儀）、如何與人交往（例如該為人際關係投入多少精力、該如何設定人際界限）、在不同年紀該有的行為舉止（例如該穿什麼和做什麼），以及因應重要問題的態度（例如該如何處理衝突）等等。

拜恩霍爾認為人們主要會遵循下列三種劇本：

✓ **複製劇本（replicative script）**：我們從家庭成員身上學到的行為模式和信念。

✓ **即興劇本（improvised script）**：當我們踏入一個全新領

域，為盡快適應而產生的新行為模式。例如新興技術的問世，促使我們必須學習一種與世界互動的新模式。

✓ **矯正劇本（corrective script）**：當我們有意識採取與過去不同的行事方式時，因而形成的新行為模式。通常是因為我們不滿意現狀，或希望能解決過去因遵循劇本而帶來的問題。

我們身上的許多劇本是融合自前幾代人，透過血緣、親密關係、家庭故事及傳統（如音樂、食譜、宗教、道德和神話）等管道傳承而來。若你仔細觀察就會發現，我們都是劇本的傳承者，每天都在演繹這些劇本，創造出新的代際循環。

這些劇本彷彿被刻入我們的靈魂深處，總在意想不到時突然浮現。行為模式的再現有時相當微妙，即使表面上看起來與過去行為不盡相同，但本質上其實是一樣的。例如，當你身體不舒服時，家人總會為你準備特定食物（就我而言，每次生病都會吃到溏心蛋配烤土司條。謝謝妳，老媽！），哪天你需要照顧病人時，你會發現自己想都沒想就往廚房走去。或者，過去你的家庭成員曾發生外遇，你可能發現自己似乎很難認真投入一段感情。就像馬克・吐溫所說的：「歷史不會重演，但總是驚人的相似」，家庭劇本讓我們感覺如此熟悉，成為我們不斷將其再現的原因之一。

代際創傷

　　在我們討論如何克服和重編舊劇本之前，必須先了解一個
概念。所謂「代際創傷」（intergenerational trauma），是指一
些我們並未親身經歷的痛苦，卻可能透過代際傳承而對我們造
成影響。

　　受益於當代研究和醫學進步，人類對代際創傷有了更進一
步的了解。當加拿大醫院發現有大量大屠殺倖存者的孫輩出現
憂鬱症及創傷後壓力症候群（PTSD），人們才首次意識到創
傷有可能透過血緣傳遞。[3] 自此之後，其他國家醫療系統也在
經歷大規模種族滅絕或戰爭者的子孫身上，觀察到相同或相似
的現象。

「創傷」是當某個事件超過我們的應對能力，導致安全感突然間嚴重喪失時，身體所出現的一種反應。為什麼兩個人經歷同一事件，卻只有一個人產生創傷反應？這是因為創傷是身體對事件的反應，和事件本身的關係其實沒那麼大。

創傷可以透過兩種潛在機制，從上一代傳遞給下一代。如果照護者受到創傷，可能也會影響他們照顧嬰兒的方式。例如，如果他們出現解離症（在心理上脫離現實環境），可能無法向孩子展示這世界是一個可以安全成長的地方，因為他們自己就不這麼認為。這也意味著孩子的神經系統可能一直處於高度警覺狀態，不大知道該如何管理這些情緒。如果照護者習慣用酒精麻痺痛苦，孩子也可能學會用這種方法處理強烈情緒，最終成為一種新的「常態」，並以相同的方式傳遞給下一代。

代際創傷還有另一個傳遞途徑，稱為「表觀遺傳學」（epigenetics），這是一個研究後天環境與先天基因如何交互作用的學術領域。研究發現，創傷會改變我們的基因在體內表達的方式，如果創傷發生在懷孕期間（或到懷孕期間仍未解決），那麼這些遺傳上的變化便可能傳遞給後代。這意味著當後代來到這個世界時，就已做好承受壓力的準備。

若從演化的角度來看，能讓後代在出生前就知道如何應對危險，簡直就是一種遺傳上的超能力。數千年前，當人類還在為生存而奮鬥，就能讓新生代對危險保持高度敏感與警惕，有助於提高生存機會。然而近期也有研究抱持不同的看法，認為代際創傷確實可能導致許多行為問題和社會問題，但與憂鬱

症、創傷後壓力症候群等認知問題，並無顯著關聯。[4]

更重要的是，即使將後代交由未受過創傷者養育，這些表觀遺傳的變化依舊存在。我之所以特別指出這點，是因為許多領養父母在孩子出現心理問題時會深感自責，但問題很可能並非出在養育方式，而是在於代際創傷，需要尋求專業心理健康服務的支持。如果你認為自己的家族存在代際創傷，請參閱馬克・渥林（Mark Wolynn）的著作《問題不是從你開始的》（*It Didn't Start with You*）。如果你有憂鬱症、創傷後壓力症候群，或其他導致你痛苦並影響生活質量的心理健康問題，請務必尋求專業人士的諮詢，讓他們提供你最妥善的協助。

好消息是，只要我們辨識出代際創傷的存在，花時間解決它帶來的問題，就能讓它在我們手上終結。更令人欣慰的是，祖先遺傳給我們的不只是創傷，還有強韌無比的適應力。

- 導致我們人生之所以卡住的原因之一，可能在於我們沿襲了好幾代祖輩的代際創傷。

- 有些行為模式是我們從環境中習得，有些則是透過我們的 DNA 傳承而來。

翻轉劇本

讀到這裡的你，一切都好嗎？我知道這一章讓人頗為沉重。趁這個機會，我想再次強調：並非所有問題都與過去或家庭及個人信念有關，很多時候，問題是自然而然發生的。

請不要假設你過去的那些經歷，必然會決定你未來將成為什麼樣的人；請不要相信你的照護者受到的創傷，必然也會成為你無可迴避的創傷；請不要認為照護者曾做過讓你難以認同的事，所以你只能別無選擇的屈服於現有的行為模式。我希望你已經慢慢清楚：你的人生並非由無法改變的過去所掌控；你不是必然要朝著冰山前進的鐵達尼號。在你的人生劇本中，可能根本不會遇上冰山，因為你從未接受那些遺傳影響或家族劇本；即使你接受了也沒關係，我們還有充裕時間將這艘船拉回正軌。

代際行為模式可能會妨礙你成為理想中的自己，打破它的**第一步**，便是記取過去的教訓，找出有問題的行為模式，下定決心採取不同做法，這就是拜恩霍爾所說的「矯正劇本」。也許你在童年時，不被允許看電視或做其他有趣的事，長大後的你決定讓自己盡可能享受這些樂趣。也許你的家人一直藏著很多祕密，所以你長大後決定當個坦蕩蕩的人，沒有什麼不可告人的事情。每當你決定以一種不同於過去所學的方式行事時，你就是在矯正一個劇本。

需要特別注意的是，當我們試著做一些不同的事情時，很

有可能會遭遇阻力。有時是來自親友無情的批評和打擊，認為你的新構想一定行不通，即使你決定不理會那些想要引戰的挑釁話語，但這並未讓他們停下來，反而更是變本加厲。這種阻力的成因很複雜，不過通常與我們關係密切的人際網絡（像是朋友、家人、同事等）並不喜歡改變有關，當網絡中所有人都呈現自己所熟悉的模式時，才是讓他們覺得最舒適的狀態。很少人會意識到自己正在阻止別人改變，但我確實很常看到這種情況發生。

還記得前一章的夏麗和麥克斯嗎？當夏麗在電話中聽到麥克斯沮喪的聲音，她很快又回到拯救者角色。改變行為模式往往會招致阻力，如果做出會對他人造成影響的改變，情況就會變得更加複雜。當然，改變並非不可能，只是有時需要花費比預期更長的時間，才能讓周遭人際網絡接受變化，並開始將變化視為一件好事。

Tips

當你開始改變自己的行為，可能會遭遇他人的抗拒。因應方式之一，就是放緩變化速度，一步一步慢慢進行。另一個方式則是堅守你的決定，相信只要時間一久，其他人就會漸漸適應。

☺ 辨識那些你不喜歡的劇本

* **列出五種你現在會做，但與你的成長經歷無關的行為：**
將這些內容放進附錄的練習四第二欄「即興劇本」中。
判斷你想要修改其中哪些劇本，將它們圈出來。

* **列出五種你現在會做，但做法與你在成長過程所見非常不同的行為：**將這些答案放進練習四第三欄「矯正劇本」中。

* **列出五種你在成長過程中所見，但你並不喜歡的行為或信念：**問問自己：你曾做過這些行為嗎？為什麼？將它們放進練習四第一欄「複製劇本」內。如果你刻意修正某些行為，請將你的替代做法放進「矯正劇本」一欄。如果一時想不太出來，不妨從互動關係、照顧方式、健康、工作和金錢等方面進行思考，應該能帶給你許多靈感。

* **仔細檢查每一個你不喜歡的劇本，想想是誰開始編寫這個劇本的？**是你的上一代？他們也是從某個地方學來的嗎？他們之所以出現這些行為，是因為他們認為這是正確的，還是根本沒有意識到自己是在遵循劇本行事？思考這些問題，能幫助我們在發現自己重複家族劇本時感

到理解，而非感到羞愧。如果你不確定那些行為是從誰開始，不妨問問知道家族和鄉里早年情況的人。

★ **針對你不喜歡的每種行為，寫下矯正劇本：**暫時不用在這部分花太多時間，因為我們接下來將更深入探討矯正劇本。

◆　◆　◆　◆　◆　◆　◆　◆　◆　◆　◆

過度矯正的劇本

當我們翻轉一個不喜歡的劇本時，經常會發生矯枉過正的情況，並將我們推向另一個新的極端。二十世紀初的美國，就出現這樣一個驚人的過度矯正劇本案例。一九〇一年，凱莉‧納西翁（Carrie Nation）說她在睡夢中收到上帝的指示，要搗毀所有酗酒之地。她聽從上帝的神啟，用報紙包住石塊，砸破酒吧窗戶及裡頭的玻璃杯。搗毀五家酒吧後，她將攻擊的武器升級成一把斧頭。納西翁的「斧頭行動」毀掉許多酒吧，使她在美國聲名狼藉。她被警方逮捕三十次，卻依舊在全美巡迴演講，大聲疾呼人們重視戒酒和禁慾的必要性。

納西翁是美國禁酒運動的代表人物之一，她的動機不僅是基於宗教信仰，相信酒精會導致道德敗壞，更因為當時美國面臨嚴峻且不斷飆升的家庭暴力、與酒精有關的犯罪行為、國民

健康危機等社會問題。納西翁本身就有親身經歷，她的丈夫經常喝得爛醉，最終死於酗酒引發的肺炎。雖然納西翁採取常人眼中的極端措施來推動禁酒運動，但在她看來，自己只是在保護男人們免於受到「謀殺店」（她對酒吧的稱呼）的迫害。

　　一九二〇年，美國政府發布禁酒令，酒類的製造、運輸和銷售都成為非法行為。一開始，這個政策確實奏效，飲酒人數出現急劇下降。雖然無法獲得確切的數據，但根據當時的官方紀錄，在禁酒令實施後，醉酒被捕人數、因酗酒導致相關精神問題的入院人數、肝硬化或酗酒導致的死亡人數，都只剩發布前的三分之一。**5**

　　但很快的，咆哮的二十年代* 全面來襲，酒精消費率上升至發布禁酒令前水準的六成至七成。雖然情況還是比禁酒令之前好些，但新的問題也隨之出現。由於酒品不再受政府部門監管，任何人都能以任何方式釀酒，這種情況用好聽的話說是「有風險」，實際上根本是「足以致命」。而後，黑市和隨後興起的犯罪集團開始蓬勃發展，人們轉而消費透明無色的烈酒，拿在手上時就不會像啤酒和葡萄酒那樣一看就是犯罪證據。

　　大多數州的禁酒令於一九三三年解除（密西西比州直到一九六六年才取消），這意味著人們可以再次聚在合法的酒吧飲酒作樂，而政府也再次對酒品進行監管和徵稅。

---

* 譯注：Roaring Twenties，指西方世界一九二〇年代持續經濟繁榮的十年。

這是歷史書上對劇本進行過度修正的一個例子，但我們在日常生活中也能看到這樣的例子。當我們決定改變劇本時，即使本意是好的，效果也可能會持續一段時間，但隨後我們常會創造出更嚴重的新問題。然後最終陷入一個循環：上一代人獲得可觀的進展，下一代人又將它往後拉退，彷彿鐘擺似的來來回回。這種處在高潮與低谷的模式，對大多數人來說並不陌生：我們在跑步時扭傷腳踝，心想休息一陣子應該會復原。等到感覺似乎好些，卻又拚命往前衝，希望彌補那段失去的時光。沒想到隔天再度失去行動能力，整個人幾乎無法動彈。

SOS！我卡住了！　　　\ 案 例 故 事 /

> 「我開始受到恐慌症的折磨，並為此感到羞愧。我很氣自己如此軟弱。我向來是個鎮定的人，或者說，至少以前是這樣的。我很確定我們家受到詛咒，我們的DNA裡存在著精神不穩定的因子。我以為自己是家中最堅強的人，然而現在卻得了恐慌症，我的孩子們也在苦苦掙扎。我媽媽把它傳給我，我又將它傳給孩子。我該怎麼辦？」

——麗莎，三十八歲

麗莎在一個單親家庭中長大，在她的記憶中，母親總是淚流不止。因為母親的病，她和弟弟經常必須設法照顧自己，並且花好幾小時試著找出方法，來止住母親的眼淚、減輕她的痛苦。她的母親並未故意忽視孩子，大部分時間都陪在孩子身邊，只不過麗莎永遠不知道母親什麼時候會再度崩潰。

　　這些經歷讓麗莎在小時候就對自己做出承諾：不要讓自己被情緒所掌控，永遠不要像母親活得那樣痛苦。她還發誓，永遠不與別人分享自己的感受，這樣就沒人會像她和弟弟那樣，得不時去處理他人的情緒問題。她決定改寫家庭劇本，並頗有成效。她在學校努力學習，結了婚，生了孩子。孩子們從未見過她有什麼心理困擾，因此從來不需要支持她。身為一個「完美」的媽媽，她永遠冷靜自持，妥貼的掌控一切，直到某天恐慌症發作。

　　現在的麗莎患有恐慌症，而她的孩子們也有類似困擾，她認為問題出在他們的DNA上。她說他們的情緒總在「毫無波瀾」到「完全崩潰」之間搖擺不定，每次發作過後，又往往會為剛剛的失控感到羞愧而頻頻道歉。她表示這與她母親的情緒狀態很相似，所以一定是遺傳所致。她的結論是可以理解的，但透過心理治療，我們意識到情況可能不如她想得那麼單純。

　　麗莎想確保自身情緒不會成為他人的負擔，但這樣做卻反而讓她為自身情緒所苦。恐慌症之所以開始發作，是因為她早已筋疲力竭，無法繼續壓抑日益緊張的情緒狀態。麗莎一直盡可能隱藏情緒，導致孩子不清楚情緒是什麼，以及當情緒出現

時該如何應對，只知道表達情緒是一種軟弱的表現。這意味著當如洪水般的情緒來襲時，缺乏應對能力的他們，只能任憑自己被情緒淹沒，然後為自己屈服於情緒而感到羞愧。雖然無法完全排除DNA的影響，但從麗莎孩子們的例子，讓我們知道過度矯正劇本可能帶來的負面後果。

麗莎的初衷是好的，但就像是在路面結冰打滑時猛轉方向盤的駕駛，只會讓情況更加失控且惡化。幸運的是，這些後果可以被修正。在解決恐慌症發作問題後，麗莎需要了解哪些劇本對她有幫助、哪些劇本會導致新問題，並重新編寫導致當前困境的過度矯正劇本。在確定困境源於「情緒是不好的，必須避免」的過度矯正劇本後，她寫下一份新聲明並與家人分享：「情緒自然會出現。情緒可能對我們有所幫助。最重要的是，情緒是可以被妥善管理的。」

認同並寫下一個新信念並不困難，真正難的是如何讓信念深植於心。所以接下來，我們要驗證麗莎的理論，好讓全家人都能真正相信它。我們進行家庭諮商，讓每個成員都分享對情緒的了解和恐懼，並提出任何他們尚未找到答案的問題。我們也一同為孩子們設計一場關於情緒和焦慮的短期課程，由他們母親主導，讓他們明白她確實相信她提出的新信念。

後來，麗莎一家會定期在家裡練習描述自己的情緒，每天全家一起進行五分鐘冥想練習。每當麗莎遇上困難時，她不再封閉自己，而是讓家人知道她的感受，以及她將採取的措施。她會簡單的陳述因應方式，例如：「我今天壓力很大，我要去

泡澡放鬆一下」，或是「最近要去看醫生，這讓我有些緊張，但我會和你們的爸爸討論這個問題，再做點運動釋放壓力，所以一切都會好起來的。」在他們開始進行練習的三個月後，一位與他們家感情很好的友人不幸離世，麗莎允許自己在家人面前哭出來。當孩子們張開雙臂擁抱她，丈夫為她泡了杯茶，她頓時發現自己感覺好多了，原來分享情緒的方式有很多，未必會讓旁人被捲入你的淚水和痛苦中。這些活動在在向每個家庭成員證明，情緒並不可怕，而且確實可以被妥善管理。

我想在這裡很快插播一下：如果你正因自己的情緒苦苦掙扎，不知道該如何與它們相處或管理它們，建議參考拙作《心靈自救手冊》，裡頭有許多相關內容，相信會對你有幫助。

Tips

- 過度矯正舊有模式可能會帶來新的問題，而且可能導致下一代複製我們迫切希望避開的家庭劇本。

- 過度矯正可能發生在我們生活中的任何地方。例如當我們想改變某種習慣或捷思法時，我們會說：「從今以後，我再也不會這樣做了！」我們為自己設定過高期待，反而導致最終的失敗。

∵ 你過度矯正了嗎？

* **問問自己：** 在成長過程中，你是否曾因為不喜歡別人的某些行為，所以刻意選擇不同的行為方式？如果有，你的「矯正劇本」是否為你帶來新的問題；或是像麗莎遇到的情況，反而導致不喜歡的行為再次出現？你是否曾觀察到別人混亂的生活後，決心要掌控自己的生活，然而卻發現在面對難以掌控的事物時，強烈的掌控欲反而讓你無比焦慮？你是否曾看到別人被欺負後，發誓永遠不會讓自己被那樣對待，卻發現自己因處處提防而幾乎沒有朋友？

* **回到練習四「矯正劇本」一欄，想想你制定的計畫是否過於極端，需不需要進行微調：** 稍後會提供更多範例，幫助你明白如何進行適當調整。

「我早告訴過你了！」

當我們「過度矯正」時，不僅冒著製造新問題的風險，還可能為那些不同意我們觀點的人提供證據，證明他們一直都是

對的。

　　當麗莎的恐慌症剛開始發作時，她母親說：「我早告訴過妳了，如果妳不讓情緒宣洩出來，總有一天它們會淹沒妳！」我們經常看到類似情況，當父母決定自己不要像上一代那樣嚴格，所以對孩子完全不加限制、任憑他們自由發展，這時主張嚴格教養的祖父可能會帶著得意的表情說：「我早告訴過你了，你的孩子果然失控了吧！」

　　社會上也是如此，一個希望避免青少年懷孕問題擴大的政府，可能會要求學校避免討論有關性的議題，或是直接教導年輕人「性行為是不好的」。當新聞報導青少年觀看暴力或色情片相當普遍時，這些決策者可能會想：「我就知道青少年缺乏自制力，不適合接觸與性有關的訊息。」然而他們沒有意識到，如果避免傳遞正確訊息，只會促使青少年透過其他非正規管道來獲取相關訊息。

　　過度矯正所帶來的後果，可不只是被人說「我早告訴過你了」而已。當新世代親眼目睹矯正行動失敗，可能會讓他們對於採取積極因應措施感到茫然，導致整個社會停滯不前。在評價禁酒運動的問題時，公共政策教授暨《支付帳單：酒精控制的成本與效益》（*Paying the Tab: The Costs and Benefits of Alcohol Control*）一書作者菲利普・庫克（Philip J. Cook）認為，這種過度矯正導致整個國家陷入癱瘓，禁酒令的徹底失敗讓聯邦政府難以採取積極行動（例如增加酒類課稅），創造安全飲酒的文化，這意味著即使美國每年有九萬五千人的死因與飲酒有

關，依舊並未採取實質性有效措施以解決問題。

我不知道如何解決飲酒所衍生的社會問題，但我知道，我們需要找到極端行為的替代方案，找到一條平衡的中間道路。與其在「過於嚴格」與「完全放任」之間來回擺盪，我們需要找出既能提供自由與關懷，又能讓孩子學會尊重界限的教養方式。與其在「不提供年輕人任何性教育資訊」與「讓年輕人毫無限制的接觸色情資訊」之間來回擺盪，我們需要提供正確知識，幫助他們在適當年齡範圍內做出良好的選擇。

波士頓公共衛生委員會（Boston Public Health Commission）最近主導的研究發現，與青少年坦率的討論色情內容、性合意和健康界限（healthy boundaries），將有助於他們的批判性思考，並找出預防暴力和維護自身安全之道。[6] 因此，即使有些問題看似乎無解，還是找得到可行的方法。

＋ — ＊ — ＊ — ＊ — ＊ — ＊ — ＊ — ＊ — ＊ — ＊ — ＊ — ＊ — ＋

😊 檢視與調整

* **完成練習四的第五欄**：請檢視你之前在第三欄填寫的矯正劇本，找出其中有哪些與原始劇本極端對立，將它們調整得更加細緻縝密後並寫在第五欄。如果你發現自己總是意圖掌控一切，那麼調整後的新劇本可以是：「我不喜歡混亂，但過度控制也會讓我感到焦慮。我會練習

對自己所能掌握的事情負責，並學習相關應對技巧以減少焦慮。」如果你發現自己總是拒人於千里之外，那麼新劇本可以是：「人際關係可以是健康的。我可以讓人進入我的生活，但會設定界限以確保他們不會占我便宜。」

* **完成練習四的第六欄：**接下來，決定你要採取什麼行動來檢驗新信念。你需要像麗莎和她的家人一樣學習新的技能嗎？你是否需要在別人面前做一些你感到很害怕的事？你打算在今天做什麼來啟動這個歷程？將你的答案寫在第六欄。

> **Tips**
>
> 為了防止後代再度回到家族舊有劇本，解決方案是找到一條更縝密、更溫和的中庸之道。

案例故事

> 「我對未來感到害怕。我感到這個世界正朝著錯誤的方向發展。從氣候變遷、歧視到戰爭，我感覺一切愈來愈糟，真不知道該怎麼辦！」

> —— 我的個案、朋友、家人，
> 以及曾留言給我，表達類似心情的無數網友

許多個案經常向我傾訴這種焦慮，而且有愈來愈嚴重的趨勢。儘管研究氣候變遷的大氣科學家、反對種族主義和性別歧視的教育家、關注不平等問題的經濟學家，以及其他各領域的許多專家學者都曾為此指引解決之道，但我們似乎依舊未能取得足夠進展。

是的，我們的社會卡住了！

許多人相信社會之所以面臨卡住的困境，是因為缺乏有足夠能力脫離卡住狀態的人去投入探討社會議題及解決方案。就某種程度上說，這個觀點確實是對的，但如果我們根本否認氣候危機或種族歧視的存在，或者從來不去了解我們可以做些什麼、該遊說誰才能促成真正的改變，我們要怎麼克服氣候危機或種族主義呢？我相信人們不過是欠缺相關議題的「教育」，所以，我在上一本書中用一整章篇幅，探討偏見和歧視對個人心理的影響，思考可以透過哪些行動來化解社會不公帶來的不

良影響，希望能從根源處阻止問題的發生。然而，之後我在與試圖改變社會問題者的對話中漸漸明白，光是教育人們、讓人們對議題產生興趣，顯然並不足夠。

在這塊拼圖中最明顯缺失的部分是：許多人其實對特定議題擁有足夠了解，卻因為每天看到的新聞而感到無能為力或難以負荷，導致他們覺得一切努力終將徒勞無功，並未採取促成真正改變所需必要行動。

近來，在一些社會運動中，不僅鼓勵人們加入試圖解決自己所關注問題的社團、分享彼此對於改變的期待，同時還建議減少對新聞的消費，避免接觸過多負面消息，而消耗實際行動的力量。如此一來，我們就能善用自己的一點力量，促成有意義的改變。與此同時，請務必記得：當你感覺有些事情比以往任何時候都還要糟糕，有可能是因為我們接觸新聞的機會變多了。在二十四小時循環播放的新聞報導問世前，大規模災難及暴力事件同樣在不斷發生，只是我們不會一直反覆看到。實際數據顯示，對大數人來說，現代社會其實比過往任何時代都還要安全。或許你會覺得有些難以置信，但無論如何，請牢記這個事實，相信將對你有所幫助。

上述想法並不是要我們把頭埋進沙子裡，而是必須要在我們與循環播放的新聞之間創造一個空間，避免讓我們的力量被燃燒殆盡。

拼圖缺失的這一小部分，就像是顆難以吞嚥的藥丸。這是我在為研究本書內容，以及尋找如何擺脫世界所有人共同困境

的答案時，不得不強迫自己吞下的藥丸。正如我在本章開頭說過的，如果希望克服當前社會困境，我們就必須從歷史中汲取教訓，才可能停止不斷重複相同錯誤。

歷史的教訓

1. 極化現象會阻礙有效行動，在最極端情況下甚至會終結民主

為了克服重要社會問題，我們需要共同合作。對世界各地「惡性兩極化事件」（episodes of pernicious polarization）的研究發現，自一九五〇年代以來，已經發生五十二次嚴重的政治兩極化事件。巧合的是，事件發生國家中有半數在民主評級上出現顯著下降。*7 雖然我們所憂心的社會問題遠不如國家走向獨裁那樣嚴重，但仍然必須從歷史中汲取教訓，那就是：問題源自極化現象。

世人對一些關鍵問題的看法逐漸趨於兩極，甚至嚴重到雙方無法進行有效溝通的程度。每個人都該保有自己的觀點和界限，但如果我們不再嘗試與不同觀點者對話，分歧只會不斷擴

---

* 研究發現，惡性兩極化事件與民主評級下降存在著相關性。雖然這不意味我們可以保證兩者之間具有明確因果關係，但至少可以說明兩者有所關聯。

大。

當我們抱持極端兩極化的觀點，就會陷入人身攻擊式的爭辯：我們開始集中火力攻擊對方，彷彿問題全都出在他們身上，而不是關注真正有待解決的問題；我們開始將對方視為壞人，執著於證明自己才是對的，而不是尋求有意義的對話。如此一來，就有可能陷入「**稻草人謬誤**」（straw man），擅自假設及曲解對方論點，而不是對方真正說過的話。我相信你我過去難免都曾犯下這種錯誤。

如果我們拒絕與每一個與我們意見相左的人（即使只是很小的分歧）對話，那麼就可能會失去帶來真正改變的機會。如果我們曲解某些人的信念，就有可能誤會他們，甚至從此拒絕和他們往來；而當我們這麼做時，就會疏遠可能想要向我們學習，並和我們站在一起的人。因為別人的觀點「不好」，就對他們進行人身攻擊，只會加強他們遠離我們的觀點，而非轉向擁抱我們的觀點。畢竟，羞辱別人並不是改變對方主意的最佳方法。

當極化現象發生時，我們會分裂成許多無法互助的團體。在巨蟒劇團（Monty Python）的電影《萬世魔星》（*The Life of Brian*）中，猶太人民陣線（Judean People's Front）和猶太人民前鋒（People's Front of Judea）都是為猶太人而戰的團體。兩個團體都恨羅馬人，都想幫助猶太人，但兩個團體卻因人際衝突互相憎恨。他們不但沒有團結起來，反而因分歧持續變弱。這些場景在電影中看起來或許很有趣，但將它們放入現實

世界裡，就會產生嚴重的問題。

2. 極化現象導致社會分裂成「我們」與「他們」

　　研究顯示，意識到自己與他人的共同之處時，同理心便會隨之而生。當我們陷入極端兩極化並區分出「我們」和「他們」兩個群體時，最好的情況是我們開始扮演戲劇三角，要不是試圖拯救、就是去妖魔化我們群體之外的任何人；最壞的情況則是，開始不再把看起來與自己不同的人當人看待。太多歷史事件顯示，當部分人被認為與其他人不同而被特別對待時，最終往往容易導致重大暴行。

　　人類對自身人際網絡中的成員往往抱持著高度同理心，群體成員關係愈牢固，對群體之外的人的同理心便會愈少。在過去，這種傾向還不至於造成太大問題，但如今，我們生活在一個人們過度堅持自身信念，將任何抱持不同意見者視為異類的極端分化社會之中。兩極化視角會讓我們去貶低那些表達不同觀點的人，關於這一點，只要花幾分鐘瀏覽社群媒體，就能清楚窺見。正如在蘿絲的案例故事中，她不過是想幫助自己決定是否要接種疫苗，然而，一旦有人犯了錯誤或對既有信念提出疑問，就會成為網路及現實生活中被無盡霸凌的對象。如果我們發現有人把票投給我們不支持的候選人，就會認為他們「愚蠢」、「天真」或「盲目」。我們不再接受他人與我們有絲毫差異，進一步擴大彼此間的分歧。

3. 當一個群體感到嚴重的恐懼或權力剝奪感時，就更可能會相信假新聞或追隨極端領導者

在人類歷史上，替罪羊一直是真正有罪者用來擺脫罪名及恥辱的工具。在英國脫離歐盟前夕，移民被「脫歐派」指責是國民醫療服務等待時間過長、就業機會不足和交通擁擠等問題的根源，他們成為替罪羊；而那些對國家現狀感到無力與憤怒的英國國民，則更有可能咬上替罪羊和假新聞的誘餌。不僅如此，當我們對一個群體感到恐懼時，更容易高估該群體成員數量，也更加相信他們無所不在。[8] 這是源自「誇大偏誤」（exaggeration bias），也就是高估敵人威脅的傾向，它和其他捷思法及偏誤一樣，曾保護我們祖先得以繼續存活，但對我們來說，這意味著只要不留意，我們就會淪為媒體虛假及歧視性敘事的犧牲品。

回到脫歐議題的另一種觀點，當時許多人稱脫歐派是種族主義者、歧視者和蠢蛋。這就不像前面情況那麼簡單，甚至不能將其視為一群試圖找出替罪羊的憤怒反對者，或一個因恐懼而誤以為自己遭受來自四面八方攻擊的群體。舉例來說，脫歐運動的某個分支針對漁業，宣稱脫歐能讓英國的捕撈配額量增加數十萬噸。事實證明，這個說法並非事實，卻讓許多人信以為真，因而對脫歐投下贊成票。

如今，極端兩極化使我們更容易受到假新聞和散布仇恨者的影響。當我們看到極端主義團體有增加趨勢，最簡單粗暴的解釋是：性別歧視、種族主義和其他類型的偏見者比以往任何

時候都多。然而，一種更細緻的觀點則是：上述說法確實可能為真，但也可能是因為社會上有更多人感到無力與憤怒，因此更容易受到假新聞影響。舉例來說，對「非自願單身團體」*****的一種解釋是，感到孤獨和被排擠的男人們認為自己是受害者（認為自己除了憤怒之外別無選擇），於是他們找到替罪羊（女性），以及一種重新獲得權力感的方法（例如展示他們可以對女性施加的暴力）。

我談這些的目的，並不是要大家對散布仇恨者表示同情，絕對不是！我認為，我們需要弄清楚人們採取極端行動背後的心理原因，才有可能克服它。如果我們陷入兩極化觀點，便會輕率的將人們歸入敵對立場，並疏遠他們，進而錯過重要的行動契機。而且，如果我們能夠意識到自己心中的憤怒或害怕，就能幫助自己避免受騙，或繼續散布虛假訊息。

4. 當「不這麼做的可怕後果」仍存在於人們記憶中時，就會提升人們合作的可能性

當人們對最近發生的災難、戰爭或暴行記憶深刻，因而決定放下分歧，共同為群體健康和福祉努力時，民主和團體行動便能蓬勃發展。

---

* 譯注：involuntary celibate，簡稱 incel，指一群其實很想要有男女關係，卻因經濟或其他條件無法找到伴侶，將自己的處境怪罪女性，衍生出的仇女次文化團體。

上述我所提及的歷史教訓並不是為了嚇唬你。我並不是在對你說：「算了！不要管我一開始說過什麼。拿起你忍著很久沒吃的巧克力棒，抓起那瓶你發誓不再喝的酒，給你的前任打電話吧！反正我們都在沉淪，不妨一起放縱，先享樂一番再說吧。」不！我們必須慎重討論這些事，思考前幾代祖先提供的歷史教訓，以便我們能創建一個可以共同努力，為每個人創造安全未來的社會。

無論你的信念為何，如果希望社會繼續前行，我們就需要彼此，需要大家一起努力。

$SOS！我卡住了！$ \案例故事/

「這代表我必須善待我那堅持種族歧視的叔叔嗎？這代表當我看到別人把垃圾扔到車窗外時，不可以生氣嗎？這代表我就應該對非自願單身團體讓步嗎？」

—— 蘇蘇博士

在整本書中，我們看到許多來自我的生活、我的工作和我在書中讀到的例子。最後這個案例，則來自我自己。對我來說，這一章是整個寫作過程中最難受的一章。

當我閱讀書中提到的相關研究時，我落入兩極化思維的每

一個陷阱之中。我使用稻草人謬誤和人生攻擊的方式思考；我稱那些作者是「心懷鬼胎的混蛋」，因為他們試圖貶低那些為改變世界而努力奮鬥的人；每一篇文獻似乎都在對我說：「不要那麼激動」、「每個人都該和其他人做好朋友，如果我們能夠理解別人的行為，那麼就不需要生氣」。這一切的一切，都讓我更加激動和憤怒。於是我深吸一口氣。再深吸一口氣。我選擇等待情緒浪潮退去，因為我和你一樣，明白確認偏誤、情緒捷思以及大腦會欺騙我們失去理智的種種詭計。然後，我重新開始思考我所讀到的內容。這時，我意識到一件重要的事。

考慮極化現象和與立場不同者的互動方式，並不是要我們拋棄自身信念，而是要告訴自己：「記得在必要時堅守信念並畫清界限」。很多時候，這意味著在你對別人做出某種假設之前，要先考慮是否存在基本歸因謬誤、光環效應和確認偏誤。這意味著你應該停下來問自己：「我有沒有遺漏了什麼？」在你完成確認之後，才決定是否需要畫清界限。

關注細微觀點差異和抱持中間立場，都有助於減極化現象。我並不是要大家都說：「我們各退一步，取個中間點吧！」我也不是要你同意那些你心中無法認同的事，主張你不能有自己的意見。更不是要你和身邊的厭女者做朋友，或是在已經充分了解氣候變遷確實存在後，還勉強自己同意它未必存在。我的意思是：**我們需要尋找位於黑與白之間的廣闊灰色地帶，並意識到那裡很可能存在未來前進的方向。**

對我來說，這意味著我們要處理那些帶有偏見的言論，但

不要預先假設「這個人就是壞人」，或「他們所有的想法和信念都帶有偏見」。這意味著我們會對「為什麼有人堅持否認地球暖化證據」感到好奇。這意味著我們在堅持強硬對抗造成傷害的歧視者時，仍然會希望政府和社會能設法與這些群體接觸，避免相關傷害繼續發生。這麼做意味著我們同時保有兩種截然相反的觀點，願意在模糊的中間地帶裡，找到可以繼續進行對話的空間。

有時，找出共同點、細微觀點差異和中間立場並不難。當你想要一把推開信念稍有不同者時，請提醒自己別那麼做，而是要對他們所說的話保持開放態度，將其視為一個機會，可以觀察對方是否真如你所認為的那麼「壞」，以及是否可以從對話中相互學習和幫助。

有時，尋找中間立場會像麗莎經歷的那樣，先出現過度矯正，最終才找到適合自己的道路。這類似於黑格爾、馬克思等哲學家提出的辯證法概念，他們主張，思想的進展往往遵循「正題」（提出新的思想）、「反題」（相反或矛盾的觀點）和「合題」（得出第三種方法或想法，解決正題和反題之間的緊張對立關係，創造出一條可前進的道路）的路徑。

合題未必是對各種想法的混合或妥協，也可以是一種全新的想法；而且，由於進展一直持續在進行，合題往往成為開啟下一輪對話循環的新正題。進展很少是單一直線，不過這沒什麼關係。如果你在閱讀過程中，想起自己曾經犯下嚴重的過度矯正，那同樣是正常的，不過是反覆試錯的過程，你可能很快

就會找到適合你的方式。

中間立場並非新觀點，甚至已經儼然成為人們眼中「非激進」的同義詞。然而，中間立場其實是所有觀點中最激進的一個。我之所以會這個說，是因為我已經仔細研究各種路線的優劣及影響，耐著性子在大量資料中，尋找真正能夠幫助我們前進且更縝密的思考方式。

更重要的是，中間立場未必總是正確的選擇。在某些情況下，中間立場是完全不可接受的。有些事情（例如強姦和謀殺）無論如何都是錯的、壞的，沒有任何妥協空間。假設你試著和不同觀點者對話，但對方卻擺明只想挑釁、散布仇恨或傷害你和其他人，這時還要抱持中間立場嗎？算了吧！該是時候當場畫清界限，說出你的觀點，然後直接離開，或是採取其他合適的應對方式。並非所有情況都可以去兩極化，而且本來就不該如此。不過為了真正擺脫僵局，過程中還是必須考慮我們在整本書中學到的知識。

只要是人都會犯錯。每個人都會不時因為自己的習慣、捷思法、自我破壞、心理遊戲和歷史再現而陷入困境。雖然我們往往不太願意承認，但確實經常希望戒除一些早就想改掉的習慣；根據單一面向武斷的對人做出判斷，只尋找能夠證實自身信念的證據，避開或責怪任何與我們意見相左的人；選擇容易的路走，避免吃苦；強迫他人扮演不是他們想選擇的角色，並指責他們扮演得不夠用心；做出後果比預期更極端的選擇。

如果我們知道自己會犯錯，那麼就得意識到，我們生命中

的其他人自然也會犯錯。如果我們希望擺脫個人的生命困境，就需要寬容看待自己的錯誤，並讓自己為錯誤行為負起責任。當我們看待周遭他人犯下的錯誤時，又何嘗不是如此？原因正如我之前所提到的，如果我們希望擺脫社會群體的共同困境，我們就需要彼此。

Tips

- 記取歷史教訓，可以幫助我們實現更光明的未來。

- 當人們不再相互傾聽，就會發生可怕之事。抱持堅定立場、為群體改變而奮鬥，確實都是好事；然而當所投入的許多努力反而製造出更多分歧，反而成為改變的阻礙。

- 我們應該將努力焦點放在改變制度，以及助長兩極化、恐懼和虛假訊息的媒體，而不是彼此繼續對立與僵持。

☺ 當兩件事皆為真時

* **嘗試使用「兩者皆是」，讓相反立場同時並存**：例如，「父母的情緒問題讓我在成長過程中飽受折磨」是真的，但「我必須克服、感受並向孩子展露自身情緒，才能讓孩子獲得情緒適應能力」也是真的。又如，「那些對我的批評，不過是反映對方的個人觀點，這讓我非常難以接受」是真的，但「我也有可能是錯的，這次談話或許對我們雙方來說，都是一次成長機會」也是真的。

* **回想一個你曾經歷過自己觀點完全被顛覆的時刻**：你是如何改變這個觀點的？你能輕鬆找到中間立場，還是經歷過度矯正？出現這個觀點是否代表你是特定類型的人（例如一個「好人」或「壞人」），還是你發現自己其實存在一些灰色地帶，需要不時檢視和更新自己的觀點？你能否回想起自己過去的某個觀點，並慶幸當時是受人指教、而非遭人羞辱？讀到這裡，你能想到某個你堅信不移的信念，但現在卻覺得其實可以為它尋找中間立場？

* **回想一個他人做出或說出違反你信念的事，導致你對他產生武斷的假設，並打從心底排斥對方的時刻**：回顧當時情境，你有發現當時沒注意到的事嗎？你有沒有試著

進一步了解他，並進行有意義的對話？之後你有沒有試著回頭與他繼續開展那場對話？這個練習的目的並非得出具體答案，而是希望讓你回顧與本章內容有關的個人經歷，以便做出更好的決定。

* **選擇一個你很高興自己始終堅定立場的情境或事件：**問問自己，為什麼對自己沒在此事件中尋找中間立場而感到滿意？是否因為你堅信當時討論的事情毫無妥協空間？這反應出你生命中所重視的哪些信念？

我將這個練習當成本書的最後一項任務，是因為許多書籍往往讓你感覺自己總是在犯錯、總是需要改變。它們很少關注一個事實，那就是你比任何作者都還要了解自己。畢竟，你不是一個被人推著走的專案，而是一個可能已經很清楚自己是誰、已經在進行許多符合個人價值觀的行動，而且可能已經做得相當出色的人。

我希望透過最後這個練習再次強調：更深入了解自己、學習如何擺脫卡住的人生確實很重要，但在生命中的許多時刻，你已經在為自己所真正重視的事物挺身而出。那些最偉大的時刻，就是你做出正確選擇，並積極採取行動的時刻。擺脫卡住人生最簡單的方法，就是開心擁抱當下所擁的一切，而不是掛慮那些尚未實現的目標。

◆─◆─◆─◆─◆─◆─◆─◆─◆─◆─◆─◆─◆

給你的最後叮嚀

喲！我們做到了！你現在感覺還好嗎？

這本書裡講了一百萬零一種我們可以擺脫困境的方法，並指出我們常陷入不斷重複過去模式的無盡迴圈。但是我們必須記住：①這不是因為我們有什麼毛病，這些都是很正常的，我們只需要了解它們，確保它們不會妨礙我們的生活。②你現在已經學會檢視自身習慣所需的知識，能夠輕鬆指認許多可能讓你人生卡住的誘因。

除此之外，我希望你能夠記得這個訊息：我們人類擁有許多很出色且很有用的能力。例如，習慣和捷思法可以幫助我們節省精力，讓我們得以將注意力放在確保生命安全或生活中的其他重要事項上；自我破壞和戲劇三角可以幫助我們避免犯下令自己感到羞恥的錯誤，不去違反自己所認為需要遵守的規則。而且，我們有能力識別什麼對我們不起作用，並為自己制定新的規則和行動，這意味著我們有能力修正自己身上發生的任何問題。

不幸的是，就像我們在書中了解到的，如果我們不夠小心，這些能力中的每一種都可能讓我們面臨情況惡化的風險：壞習慣可能隨之而來；認知偏誤可能導致嚴重後果（甚至造成我們的陰道灼傷！）；自我破壞和戲劇三角可以證明我們最擔心的惡夢居然是真的；而過度矯正則可能帶來新的問題。

當人們說：「我就是這樣，我無法改變」時，他們要不是

還沒有做好改變的準備，就是他們嘗試過改變，但是失敗了；或者，他們根本沒看到改變已經即將發生。即使在看似不可能改變的情況下，我們還是可以採取一些行動，來改善我們與正在面對的問題之間的關係。

你現在有能力辨別每個問題可能從哪兒出現。你擁有解決這些問題的工具：可以幫助你意識到問題的正念覺察，是在生命中做出任何有意義改變的第一步、克服你最討厭的困境的行動步驟，以及讓你對我們在書中討論過的每個主題背後原因給予更多善意。

善意加上責任感，是促成生命裡所有改變的完美祕訣。為什麼呢？因為它具有抑制壓力反應的效果，能為我們帶來改變成真的希望，所以確實可以幫助我們擺脫舊習慣。因為它提醒我們容忍不同意見，阻止我們為做出不完美的決定自責，所以能讓我們遠離捷思法。因為它告訴我們不需避開我們害怕的事物，所以能讓我們遠離自我破壞。因為它阻止我們扮演多重受害者角色，讓我們不陷入戲劇三角的陷阱。而且，它還讓我們知道，即使過度矯正，將來還是能夠找到前進的方向。它讓我們意識到進步或許緩慢，但就像龜兔賽跑裡的烏龜，我們還是能夠以緩慢而穩定的步伐，邁向理想的人生。

我這麼說，並不是意味著改變很容易。但只要我們齊心協力，互相幫助，促成我們需要的改變，就有機會成功。集體行動可以讓所有人對我們的新習慣負責；挑戰我們的團體迷思和確認偏誤傾向；互相支持面對恐懼，使我們不掉入自我破壞的

陷阱；坦誠交流對話，使我們不再試圖引誘對方進入心理遊戲；找到共同點，使我們能夠應對各世代人都會面臨的嚴重威脅。沒錯，我們需要仔細審視自己做出的、使我們陷入困境的行為，但是為了讓我們自己和子孫後代真正擺脫困境，我們需要彼此。

在你闔上本書，繼續過你的生活之前，我想再強調一個重點：**關於改變的迂迴本質，以及有時在取得進展後，挫折隨後而至的事實**。當這種情況發生時（可能性相當高），你必須記住，這些全是過程的一部分，不代表你退回原點。改掉你不想維持的習慣是需要時間的。

如果你試著使用這本書裡的某些方法，然後遇到挫折時，請記得我們在第一章討論過的小實驗鼠。那些終於可以擠到燈泡下取暖的小實驗鼠，牠們之所以能取得一席之地，並不是因為牠很強壯，而是因為牠有毅力。一試再試是你最好的朋友，只要它長伴左右，最終你一定能突破困境，從此脫離人生卡住的窒息感。

延伸閱讀

Further reading

1. 如果你想學習更多關於「習慣」的知識，可以進一步閱讀：
   - 詹姆斯・克利爾（James Clear）的《原子習慣》（*Atomic Habits*），方智出版。
   - 理查・塞勒（Richard H. Thaler）和凱斯・桑思坦（Cass R. Sunstein）的《推力：每個人都可以影響別人、改善決策，做人生的選擇設計師》（*Nudge: Improving Decisions About Health, Wealth, and Happiness*），時報出版。

2. 如果你想了解更多關於「動機」，以及如何在「邁向改變」的每階段裡前行，可以進一步閱讀：
   - 珍妮絲・普羅查斯卡（Janice M. Prochaska）和詹姆斯・普羅查斯卡（James O. Prochaska）的《透過改變實現繁榮：利用改變階段克服對健康和幸福的最大威脅》（*Changing to Thrive: Using the Stages of Change to Overcome the Top Threats to Your Health and Happiness*）

3. 如果你想更深入了解捷思偏誤，可以進一步閱讀：
   - 丹尼爾・康納曼（Daniel Kahneman）的鉅作《快思慢想》（*Thinking, Fast and Slow*），天下文化出版。
   - 麥可・路易士（Michael Lewis）的《橡皮擦計畫：兩位天才心理學家，一段改變世界的情誼》（*The Undoing Project: A Friendship that Changed the World*），早安財經出版。

4. 如果你想了解更多有關「自我批評」和「自我疼惜」的知識，可以進一步閱讀：
   - 蘇菲・莫特（Sophie Mort）的《心靈自救手冊》（*A Manual for Being Human*），商業周刊出版。

- 克莉絲汀·娜芙（Kristin Neff）的《自我疼惜：善待你自己的正能量》（*Self-compassion step by step: The Proven Power of Being Kind to Yourself*）

5. 如果你想了解更多有關「自尊」的知識，可以進一步閱讀：
   - 納撒尼爾·布蘭登（Nathaniel Branden）的《自尊心：六項自尊基礎的實踐法》（*The Six Pillars of Self-Esteem*），遠流出版。

6. 如果你想了解更多有關「心理遊戲」的知識，可以進一步閱讀：
   - 艾瑞克·伯恩（Eric Berne）的《人間遊戲》（*Games People Play: The Basic Handbook of Transactional Analysis*），麥田出版。

7. 如果你想了解有關「代際創傷」的更多資訊，可以進一步閱讀：
   - 馬克·渥林（Mark Wolynn）的《問題不是從你開始的：以核心語言方法探索並療癒家族創傷對於身心健康的影響》（*It Didn't Start with You: How Inherited Family Trauma Shapes Who We Are and How to End the Cycle*），商周出版。

附錄

自我檢視行動方案

練習一：選擇你的習慣

◆ 你將來想要成為什麼樣的人？請寫下五個與你的價值觀相符的形容詞。（例如：善良、健康、意志堅定、活在當下、自由自在等等。）

_____

_____

_____

_____

_____

◆ 你將來想要做什麼？請寫下五個你希望達成的目標。

_____

_____

_____

_____

_____

☞ **小提醒：**
　　如果你無法輕鬆回答這些問題，
　　請先完成第二章第 102 頁的價值觀活動。

◆ 請在下方各欄位中填入答案。

問題	答案一	答案二	答案三
① 為了成為理想中的自己，你已經培養的好習慣			
② 可能會妨礙你成為理想中的自己的壞習慣			
③ 可能觸發壞習慣的提示（可能是視覺上或生理上的感覺），並圈出你可以且願意從生活環境中刪除的提示			
④ 問題②的三個壞習慣為你帶來的好處或達成的目標（即確認該習慣的目的為何？是消除你的特定渴望，或只是為了排遣無聊？）			
⑤ 可以為你帶來同樣的好處，或幫助你成為理想中的自己的新行為（如果它是一項較大的任務，可以拆分成幾個小任務）			

問題	答案一	答案二	答案三
⑥ 你希望未來可以養成哪三個新的好習慣			
⑦ 為了觸發新習慣，你可以在日常生活中添加的提示			
⑧ 新習慣達成後，你可以獲得的獎勵			
⑨ 你將在什麼時段實踐新習慣？（具體寫下是一天中哪個時段？是在從事什麼活動之前或之後？）			
⑩ 你和誰分享你的新習慣養成計畫？你希望他們提供你怎樣的支持？			
⑪ 如果你發現自己再度陷入舊習慣的行為模式，你會怎麼做？			

練習二：解決你的問題

◆ **請寫下你想要解決的問題，或是你想要做出的決定。**（例如：
你的工作進展不順利，或者你的老闆採取鉅細靡遺的管理
方式。）

_____

_____

_____

_____

_____

◆ **請在附錄第 263 頁的表格第一欄中，寫下所有你能想到的
解決方案。**
說明：

❶ **請確保每個問題都至少有五種可能的解決方案，先不去
考慮實際執行上的困難。**如果寫下方案對目前的你來說
並不容易，不妨諮詢其他人，看看他們會提供哪些可能
的解決方案。或者問問自己，如果你的朋友處在相同情
況，你會提出哪些建議。注意！無論這些建議看似多麼
不可能，請先不要排除任何一個可能的解決方案。

❷ **請在這五種可能方案中，添加至少一種聽起來有些荒謬
的解決方案，甚至讓你會忍不住發笑的都行。**這不僅能
幫助我們放鬆情緒，更會讓我們意識到，即使遇到問題
時，我們仍然有選擇。

◆ **在第二欄和第三欄中，寫下每個解決方案的優缺點**。請仔細思考，慢慢來，不著急。如果一時想不到，至少要寫出一個優點和缺點，或參考別人給你的建議。

◆ **在第一欄中，圈出目前你最有可能或最容易採取的解決方案**。請以現實面進行考量，思考哪一個選項最適合目前的你？ 你也可以將幾種潛在的解決方案截長補短，整合成一個最適合你的選項。

◆ **在第四欄中，決定你將如何付諸實踐**。請寫得明確點。詳細說明你將做什麼、何時做，以及為了完成那件事，你需要付出哪些努力。

◆ **開始行動！**

◆ **檢視結果**。在第五欄中，寫下行動後發生的事，思考這是否就是你想要的結果，或是否和你想要的結果有所落差。如果最後的結果並未滿足你的需求，請嘗試其他解決方案。

◆ 解決你的問題

第一欄	第二欄	第三欄	第四欄	第五欄
五種 可能的 解決方案	五種 解決方案 的優點	五種 解決方案 的缺點	你第一步打算 做什麼？ （如何做、何時做？ 做之前還需要做哪 些準備？）	檢視 行動結果

練習三：挑戰你的恐懼

這個練習主要改編自「認知行為療法」（Cognitive Behavioural Therapy）的心理模型。如果你正處在恐懼或焦慮中苦苦掙扎，即使完成此練習後，仍無法控制恐懼，請考慮尋求專業心理師的協助。

❶ **步驟一：寫下導致你一直深陷困境的恐懼。**例如：「如果我在一段新的關係中向對方敞開心扉，接著就會出問題」，或者是，「不管我試著去做什麼，我總是會搞砸一切」。

_____

_____

_____

_____

_____

_____

_____

❷ **步驟二：直面你的恐懼。**如果你心中恐懼的念頭太過強烈，可能會很難看見你的恐懼為假的證據，這時，不妨請其他人幫助你完成這項任務。

① 在第 266 頁的表格第一欄中，列出支持你心中恐懼信念的證據。例如：「我受到最近交往對象的欺騙」，或是：「我沒爭取到那份渴望已久的工作」。

② 在第 266 頁的表格第二欄中，列出挑戰你心中恐懼信念的證據。例如：「我之前交往過的三個對象都對我很好，儘管分手時我很傷心，但沒有人真正受到傷害」；「我有很多善良、願意支持我的朋友，他們從來沒有傷害過我」；「沒爭取到那份工作時，主管告訴我主要考量是競爭者的工作經驗比我多兩年。我原本把這次失敗視為自己什麼都做不好的證據，但事實或許根本不是這樣？」，或是，「我現在擁有的每項技能（包括寫作和閱讀）都是曾讓我覺得十分困難的任務，但現在的我已經可以輕鬆做到，所以，也許我並不是總會搞砸一切」。

③ 在下表第三欄中，寫出一個能夠反映正反面證據且更公正平衡的新信念。例如：「和人交往確實可能帶來痛苦，但並非所有人都會傷害你。事實上，我遇到的大多數人都很友善、很支持我，讓我願意相信值得冒點風險去了解他人」，或是，「有時，我總擔心自己會搞砸一切，但我所列舉的那些證據，其實都有其它更好的解讀方式。而且，有很多例子可以證明，如果我在參與新活動初期投入足夠努力，最終也能克服困難取得成功」。

◆ 挑戰你的恐懼

第一欄	第二欄	第三欄
你的恐懼信念	挑戰恐懼信念的證據	更公正平衡的新信念

❸ 步驟三：順著「假如……」的恐懼，一路推演至最後的結局。

現在，我們不再挑戰自己的恐懼，而是順應恐懼，掉入「假如……發生，我該怎麼辦？」的兔子洞。這個練習很重要，因為「假如……發生，我該怎麼辦？」所引發的強大焦慮感，通常很容易會卡住我們，讓我們一時之間忘記自問：要是我們的恐懼成真，接下來該怎麼做？因此，透過接下來這個練習，多少可以幫助我們消除一些因恐懼而引發的痛苦。

① **以「假如……」的形式，寫下你的恐懼。** 例如：「假如（某件令自己恐懼的事）發生了／是真的，我該怎麼辦」、「假如我和某人交往，而他最後傷害了我，我該怎麼辦」、「假如我試著去做這件事，最後每個人都嘲笑我，我該怎麼辦」。

_____

_____

_____

_____

_____

_____

_____

② 問問自己，「如果這件事真的發生，我會怎麼做？」精確
　 寫下你打算如何應對的方法。例如：「我會感到非常沮
　 喪和尷尬，想要衝回家痛哭一場。它會證明我最擔心的
　 恐懼確實是真的。」

_____

_____

_____

③ 問問自己：「然後，我會做些什麼？」例如：「我可能會
　 哭上一週，花很多時間躺在床上，打電話給朋友訴苦、
　 尋求支持。」

_____

_____

_____

④ 問問自己：「然後呢？」例如：「過一會兒，我可能會覺
　 得自己比較好了。但過幾天後，我可能又會開始覺得自
　 己很糟糕。」

_____

_____

_____

⑤ **問問自己：「接下來，我會怎麼做？」** 例如：「我會列一
張清單，將我認為進展順利和進展不太順利的事項都寫
出來，以便做為未來再次嘗試時的參考。我會確保自己
時常運動，並進行其他能夠幫助我控制情緒的活動。對
於有幫助的事項，之後我可能會考慮再試一次。」

_____

_____

_____

⑥ **持續問自己：「下一步要做什麼？」直到再也想不出下一
步為止**。例如：「我終究會克服它為我帶來的痛苦或尷尬，
重新開始約會，或再次嘗試新事物。」

_____

_____

_____

☞ **小提醒：**
　　一旦你到達這個地步，問問自己這兩個問題：「如果發生這種
情況會很可怕嗎？」「但是我能撐過去，活下來嗎？」這兩個
答案大概都會是肯定的。

❹ **步驟四：測試你的新信念。**現在，你對自己的恐懼有了更公正且平衡的看法，也想過即使發生最壞的結果，下一步該如何打算。接下來，我們要來設計一個行為實驗。你可以讓自己慢慢暴露在你害怕的場景中，或是測試你對於恐懼的嶄新信念。如果你還記得第三章中的蔣甲，就會知道克服被拒絕的恐懼最好的方法，就是反覆將自己置於被拒絕的情境裡：從最不可怕的被拒絕情境開始，一路測試到讓自己最害怕的拒絕情境。這個方式同樣適用於我們生命中大部分的情境。

① **在直面和挑戰你的恐懼之後，請寫下一個對於恐懼的嶄新信念，或是你想要測試的新信念。**例如：「拒絕和失敗並不一定會發生，即使真的發生，我也還是能撐過去」。

_____

_____

_____

② **問問自己：「為了測試自己的恐懼，我今天可以做、而且比較不會讓自己感到害怕的事是什麼？」**舉例來說，如果你害怕被陌生人拒絕，你可以像蔣甲那樣，拜託一個朋友讓你為他做一件事，然後觀察看看他們的反應。像是你今晚要下廚為朋友準備晚餐，然後你故意燒焦一道菜，但不告訴任何人你做了什麼或為什麼這樣做，以便觀察其他人有何反應。

_____

_____

_____

③ 問問自己：「為了測試自己的恐懼，我能做的下一件最不
可怕的事是什麼？」

④ 至少再問自己這個問題五次，直到你能完整列出至少七
個能用來面對恐懼的步驟：

◆ 我能做的下一件最不可怕的事情是：

_____

_____

_____

◆ 接下來我要做的事情是：

_____

_____

_____

◆ 接下來我要做的事情是：

_____

_____

_____

◆ 接下來我要做的事情是：

_____

_____

_____

◆ 接下來我要做的事情是：

_____

_____

_____

◆ 接下來我要做的事情是：

_____

_____

_____

◆ 接下來我要做的事情是：

_____

_____

_____

◆ 寫下你將執行第一步的時間：

_____

_____

_____

◆ 然後，寫下你將執行下一步的時間：

_____

_____

_____

❺ **步驟五：進行實驗**。在開始執行之前，請填寫 A。完成後，再填寫 B。進行每個步驟時，都要執行此項操作。

Ⓐ

◆ 今天我要做的事情是……

_____

_____

_____

◆ 我這樣做是為了測試「這個信念」……

_____

_____

_____

◆ 目前，我對正在測試的信念具有_____%的信心程度……
（以 100 為滿分，請以百分比表示）。

◆ 當我進行這個測試時，我的擔憂是……

_____

_____

_____

◆ 在這個實驗過程中，我會透過以下方式照顧好自己：（請
具體寫下你將採取哪些措施，以管控實驗過程。例如：
「我會請一位朋友陪我，一起測試這個實驗」，或是，「實
驗後，我會和一位朋友碰面，告訴他所有狀況」。）

_____

_____

_____

Ⓑ （實驗結束後填寫）

◆ 請寫下在測試這項信念時發生的事、你的感受，以及令
你感到驚訝的事情：

_____

_____

_____

◆ 從這次測試中，我學到：（答案不一定都要是「好的」，
也許你遇上很尷尬的事，但你撐了過去、活了下來。請
寫下這個精采的過程。）

_____

_____

_____

◆ 現在，我對這項新信念具有_____%的信心程度：（以 100 為滿分，數字可能改變，也可能沒有改變。）

◆ 我要做的下一個測試是：（也就是附錄第 271 頁中，你寫的下一件「接下來我要做的事情是」。如果你覺得還沒完全準備好做下一個步驟，可以重複「我能做的下一件最不可怕的事情是」這個步驟。）

_____

_____

_____

☞ **小提醒：**

如果有需要，請重複附錄第 273 頁步驟五的練習。你可能會注意到，在你執行更具挑戰性的任務時，新的恐懼也會開始冒出頭來。這是很正常的，不用因此而過度焦慮。

當新的恐懼出現，請再回到練習三，從步驟一開始，對你的新恐懼進行探索。然後，順著「假如……」的恐懼，一路推演至最後的結局。最後，對於這個恐懼進行實驗，並測試你的新信念。

練習四：翻轉你的劇本

❶ 在第 278 頁第一～三欄中，分別寫下你的複製劇本、即興劇本和矯正劇本。在此，我們快速複習一下本書第五章提到的定義：

· 「**複製劇本**」是反映你在成長過程中觀察到的行為模式。
· 「**即興劇本**」是你自己創造出來、而非經由別人教導而得的行為模式。
· 「**矯正劇本**」是用來替換你看到、但不喜歡的行為或信念，因而由你創造出來的信念或行為模式。

❷ 在這些劇本中，找出會妨礙你成為理想中的自己的劇本。如果你不想再參與其中，請將它圈出來。

❸ 問問自己，是誰開始編寫這些劇本，做出劇本中的這些行為或保有這些信念？並完成第四欄。

❹ 請為所有你已經圈出來的劇本，思考一個嶄新的矯正劇本。

❺ 針對你想出來的矯正劇本，再斟酌一下內容是否具體可行，然後寫在第五欄中。

❻ 寫下你將做些什麼來測試新劇本，以及為此你可能需要學習哪些技能。

◆ 翻轉你的劇本

第一欄	第二欄	第三欄
複製劇本	即興劇本	矯正劇本

第四欄	第五欄	第六欄
是誰開始編寫這些劇本？是你家族裡的某人？或是來自他人或社交媒體？為什麼？	經過修正、微調後的矯正劇本內容是什麼？	你需要做什麼來測試新劇本？

注釋

前言

1. Deery, H. A., Di Paolo, R., Moran, C., Egan, G. F., & Jamadar, S. D., 'The older adult brain is less modular, more integrated, and less efficient at rest: a systematic review of large scale resting state functional brain networks in aging', *Psychophysiology*, 60, e14159 (2023).

2. Neal, D. T., Wood, W., and Quinn, J. M., 'Habits – A Repeat Performance', *Current Directions in Psychological Science* 15, no. 4 (2006): 198–202.

第一章　慣性行為

1. Job, V., Dweck, C. S., and Walton, G. M., 'Ego Depletion-Is It All in Your Head?: Implicit Theories About Willpower Affect Self-Regulation', *Psychological Science* 21, no. 11 (2010): 1686–1693.

2. Lally, Phillippa, van Jaarsveld, Cornelia H. M., Potts, Henry W. W., and Wardle, Jane, 'How are habits formed: Modelling habit formation in the real world', *European Journal of Social Psychology* 40, no. 6 (2010): 998–1009.

3. Malvaez, Melissa, and Wassum, Kate M., 'Regulation of habit formation in the dorsal striatum', *Current Opinion in Behavioral Sciences* 20 (2018): 67–74.

4. Davey, J. and Jack, V., 'Crunch time in Britain as even beloved crisps in short supply', Reuters, 5 November 2021. https://www.

reuters.com/business/retail consumer/crunch time britain even beloved crisps short supply 2021 11 05/

5. Moss, M., *Hooked: How Processed Food Became Addictive* (Ebury Publishing, 2021).

6. Gardner, S., and Albee, D., 'Study focuses on strategies for achieving goals, resolutions', *Press Releases* 266 (2015), https://scholar.dominican.edu/news- releases/266

7. Zhou, T., et al., 'History of winning remodels thalamo PFC circuit to reinforce social dominance', *Science* 357, no. 6347 (2017): 162–168.

8. Phillips, L. A., and Gardner, B., 'Habitual exercise instigation (vs. execution) predicts healthy adults' exercise frequency', *Health Psychology* 35, no. 1 (2016): 69–77.

9. Wilson, R. C., Shenhav, A., Straccia, M., and Cohen, J. D., 'The Eighty Five Percent Rule for optimal learning', *Nature Communications* 10, no. 1 (2019): 1–9.

10. Adolph, K. E., et al., 'How do you learn to walk? Thousands of steps and dozens of falls per day', *Psychological Science* 23, no. 11 (2012): 1387–1394.

11. Eyal, Nir, 'Forming New Habits: Train to be an Amateur, Not an Expert', *Nir and Far*, 17 February 2021, https://www.nirandfar.com/train-to-be-amateur-not-expert/

12. Kappes, H. B., and Oettingen, G., 'Positive fantasies about idealized futures sap energy', *Journal of Experimental Social Psychology* 47, no. 4 (2011): 719–729.

第二章　捷思偏誤

1. Van Vugt, M., and Schaller, M., 'Evolutionary approaches to group dynamics: An introduction', *Group Dynamics: Theory, Research, and Practice* 12, no. 1 (2008): 1–6.

2. Hare, B., 'Survival of the Friendliest: Homo Sapiens Evolved via Selection for Prosociality', *Annual Review of Psychology* 68, no. 1

(2017): 155–186.

3. Robert, M., 'Second-Degree Burn Sustained After Vaginal Steaming', *Journal of Obstetrics and Gynaecology Canada* 41, no. 6 (2019): 838–839.

4. Kluger, J., 'Accidental Poisonings Increased After President Trump's Disinfectant Comments', *TIME*, 12 May 2020, https://time.com/5835244/accidental poisonings trump/

5. Smyth, S. M., 'The Facebook Conundrum: Is it Time to Usher in a New Era of Regulation for Big Tech?', *International Journal of Cyber Criminology* 13, no. 2 (2019): 578–595.

6. Romm, T., 'Pro- Beyoncé vs. Anti- Beyoncé: 3,500 Facebook Ads Show the Scale of Russian Manipulation', 10 May 2018, *Washington Post,* https://www.washingtonpost.com/news/the switch/wp/2018/05/10/here are the 3400 facebook ads purchased by russias online-trolls during the 2016 election/

7. Goszczyn´ska, M., and Rosłan, A., 'Self evaluation of drivers' skill: a cross cultural comparison', *Accident Analysis & Prevention* 21, no. 3 (1989): 217–224.

8. Cooper, A. C., Woo, C. Y., and Dunkelberg, W. C., 'Entrepreneurs' perceived chances for success', *Journal of Business Venturing* 3, no. 2 (1988): 97–108.

9. Johnson, D. D. P., *Overconfidence and War: The Havoc and Glory of Positive Illusions* (Harvard University Press, 2004).

10. Alsabban, S., and Alarfaj, O., 'An Empirical Analysis of Behavioral Finance in the Saudi Stock Market: Evidence of Overconfidence Behavior', *International Journal of Economics and Financial Issues* 10, no. 1 (2020): 73–86.

11. Stone, C., Mattingley, J. B., and Rangelov, D., 'On second thoughts: changes of mind in decision making', *Trends in Cognitive Sciences* 26, no. 5 (2022): 419–431.

第三章　自我破壞

1. Hirt, E. R., McCrea, S. M., and Kimble, C. E., 'Public Self-Focus and Sex Differences in Behavioral Self-Handicapping: Does Increasing SelfThreat Still Make it "Just a Man's Game?" ', *Personality and Social Psychology Bulletin* 26, no. 9 (2000): 1131–1141.

2. Ibid.

3. Tully- Wilson, C., Bojack, R., Millear, P. M., Stallman, H. M., Allen, A., and Mason, J., 'Self- perceptions of aging: A systematic review of longitudinal studies', *Psychology and Aging* 36, no. 7 (2021): 773–789.

4. Linscott, R.N., *Complete Poems and Selected Letters of Michelangelo*, trans. Creighton Gilbert (Random House, New York, 1963, 1965): 218.

第五章　歷史再現

1. Jordan, D., Tumpey, T., Jester, B., 'The Deadliest Flu: The Complete Story of the Discovery and Reconstruction of the 1918 Pandemic Virus', Centers for Disease Control and Prevention, https://www.cdc.gov/flu/pandemic-resources/reconstruction-1918-virus.html

2. Little, B., 'As the 1918 Flu Emerged, Cover Up and Denial Helped It Spread', 26 May 2020, History, https://www.history.com/news/1918 pandemic spanish flu censorship

3. Rakoff, V., Sigal, J. J., and Epstein, N. B., 'Children and families of concentration camp survivors', *Canada's Mental Health* 14, no. 4 (1966):24–26.

4. Alhassen, S., Chen, S., Alhassen, L., et al., 'Intergenerational trauma transmission is associated with brain metabotranscriptome remodeling and mitochondrial dysfunction', *Communications Biology* 4, no. 783 (2021).

5. Miron, J. A., and Zwiebel, J., 'Alcohol Consumption During

Prohibition', *American Economic Review* 81, no. 2 (1991): 242–247.

6. Rothman, E. F., Daley, N., and Alder, J., 'A Pornography Literacy Program for Adolescents', *American Journal of Public Health* 110, no. 2 (2020): 154–156.

7. Somer, M., McCoy, J. L., and Luke, R. E., 'Pernicious polarization, autocratization and opposition strategies', *Democratization* 28, no. 5 (2021): 929–948.

8. Ponce de Leon, R., Rifkin, J. R., and Larrick, R. P., ' "They're Everywhere!": Symbolically Threatening Groups Seem More Pervasive Than Nonthreatening Groups', *Psychological Science* 33, no. 6, (2022): 957–970.

國家圖書館出版品預行編目(CIP)資料

卡住你的不是人生,是選擇:跳出5種心理困境,活
出自在人生 / 蘇菲.莫特(Sophie Mort)作 ; 卓妙容
譯. -- 第一版. -- 臺北市 : 遠見天下文化出版股份
有限公司, 2024.05
288面 ; 14.8×21公分. --(心理勵志 ; BBP491)
譯自 : (Un)Stuck : five steps to break bad habits
and get out of your own way

ISBN 978-626-355-768-0(平裝)

1.CST: 習慣心理學 2.CST: 行為改變術 3.CST: 自我
實現

176.74   113006371

心理勵志 BBP491

卡住你的不是人生，是選擇
跳出 5 種心理困境，活出自在人生

(UN) STUCK:
Five Steps to Break Bad Habits and Get Out of Your Own Way

作者 —— 蘇菲‧莫特 Dr. Sophie Mort
譯者 —— 卓妙容

總編輯 —— 吳佩穎
財經館副總監 —— 蘇鵬元
責任編輯 —— Jin Huang（特約）
封面設計 —— 江孟達工作室

出版者 —— 遠見天下文化出版股份有限公司
創辦人 —— 高希均、王力行
遠見‧天下文化　事業群榮譽董事長 —— 高希均
遠見‧天下文化　事業群董事長 —— 王力行
天下文化社長 —— 王力行
天下文化總經理 —— 鄧瑋羚
國際事務開發部兼版權中心總監 —— 潘欣
法律顧問 —— 理律法律事務所陳長文律師
著作權顧問 —— 魏啟翔律師
社址 —— 臺北市 104 松江路 93 巷 1 號
讀者服務專線 —— 02-2662-0012 | 傳真 —— 02-2662-0007；02-2662-0009
電子郵件信箱 —— cwpc@cwgv.com.tw
直接郵撥帳號 —— 1326703-6 號　遠見天下文化出版股份有限公司

電腦排版 —— 立全電腦印前排版有限公司
製版廠 —— 東豪造像股份有限公司
印刷廠 —— 柏晧彩色印刷有限公司
裝訂廠 —— 聿成裝訂股份有限公司
登記證 —— 局版台業字第 2517 號
總經銷 —— 大和書報圖書股份有限公司 | 電話 —— 02-8990-2588
出版日期 —— 2024 年 5 月 31 日第一版第一次印行

定價 —— 420 元
ISBN —— 9786263557680 | EISBN —— 9786263557659（EPUB）；9786263557642（PDF）
書號 —— BBP491
天下文化官網 —— bookzone.cwgv.com.tw

天下文化
BELIEVE IN READING